Kyungok Sim

A forma corporal típica do sexo serve de indicador visual de qualidade

Kyungok Sim

A forma corporal típica do sexo serve de indicador visual de qualidade

ScienciaScripts

Imprint

Cover image: www.ingimage.com

This book is a translation from the original published under ISBN 978-620-2-08088-0.

Publisher:
Sciencia Scripts
is a trademark of
Dodo Books Indian Ocean Ltd. and OmniScriptum S.R.L publishing group

120 High Road, East Finchley, London, N2 9ED, United Kingdom
Str. Armeneasca 28/1, office 1, Chisinau MD-2012, Republic of Moldova, Europe
Printed at: see last page
ISBN: 978-620-8-06241-5

ÍNDICE DE CONTEÚDOS

1. Introdução

A forma do corpo humano é o produto de uma longa história evolutiva de locomoção bípede e subsequente adaptação de um cérebro maior que confere vantagens reprodutivas (Wittman & Wall, 2007). Especificamente, os nossos antepassados hominídeos começaram a andar erectos há cerca de 4 milhões de anos (Lovejoy, Suwa, Spurlock, Asfaw e White, 2009). O desenvolvimento da locomoção bípede levou a alterações esqueléticas nas ancas humanas, que passaram a ser estreitas para manter o equilíbrio entre a parte superior e inferior do corpo e aumentar a eficiência da corrida. Estas alterações esqueléticas, o estreitamento das ancas, nas mulheres causariam provavelmente um aumento da mortalidade nelas próprias e nos seus fetos durante o parto. Como consequência, a seleção natural favoreceu a modificação das ancas femininas de forma a facilitar o parto. Assim, as mulheres com ancas mais largas têm uma vantagem selectiva para a reprodução. Por outro lado, a mobilidade equilibrada e a eficiência de corrida teriam proporcionado vantagens selectivas aos machos ancestrais em termos de caça, luta, aquisição de recursos e competição de acasalamento, o que levou à manutenção de ancas estreitas nos homens.

Durante longos períodos de tempo evolutivo, os seres humanos podem ter sido selecionados para reconhecer e responder a sinais visuais da qualidade do parceiro, assinalados por caraterísticas externas da morfologia corporal, a fim de maximizar a sua representação genética na geração seguinte (Anderson, 1994; Barber, 1995; Kokko et al., 2003). Por outras palavras, a seleção natural moldou as nossas mentes de forma a processarmos informações sobre as qualidades genéticas e fenotípicas gerais de outras pessoas com base em aspectos observáveis dos corpos, incluindo a qualidade genética, a saúde do desenvolvimento e o perfil hormonal (Bjorntorp, 1987; Kasperk, Wakely, Hierl, & Ziegler, 1997; Moller & Swaddle, 1997; Singh, 1993).

Uma ideia básica subjacente é que os genes, o ambiente e as hormonas sexuais são os factores que influenciam a morfologia corporal. Especificamente, as perturbações ambientais e genéticas sofridas durante o desenvolvimento inicial reflectem-se nos traços corporais (Gangestad & Thornhill, 1999; Moller & Swaddle, 1997). As hormonas esteróides sexuais que afectam a saúde e a fertilidade regulam as configurações corporais (Bjorntorp, 1987; Jasienska, Ziomkiewicz, Ellison, Lipson, & Thune, 2004; Singh & Singh, 2011). Além disso, a forma corporal, a composição corporal e as hormonas que influenciam estes traços são caraterísticas hereditárias, conferindo boa qualidade genética e fenotípica à descendência (Anderson, 1994; Donahue, Prineas, Gomez, & Hong, 1992; Kuijper et al., 2007; Nelson, Vogler, Pederson, & Miles, 1999; Schousboe et al., 2003).

2. Forma corporal típica do sexo

Uma parte superior do corpo em forma de cunha pronunciada (forma masculina do corpo; ombros largos, peito largo e ancas estreitas) nos homens e uma figura de ampulheta acentuada (forma feminina do corpo; seios grandes, cintura estreita e ancas largas) nas mulheres indicam uma forma corporal sexo-típica (ver Figura 1). A forma corporal sexo-típica reflecte o desenvolvimento ideal do esqueleto e a distribuição da gordura corporal, que são mediados pelos rácios de testosterona/estrogénio. Especificamente, a testosterona facilita o crescimento e a massa óssea, o depósito de gordura na cintura e na parte superior do corpo, mas inibe o depósito de gordura nas regiões das nádegas e das coxas (Bjorntorp, 1987; Kasperk et al., 1997; Vanderschueren et al., 2004). Por outro lado, o estrogénio inibe seletivamente o depósito de gordura nas regiões abdominal e da cintura, mas facilita o depósito de gordura nas regiões das nádegas e das coxas (Bjorntorp, 1987; Blouin, Boivin, & Tchernof, 2008; Lemieux et al., 1993). Assim, a figura de ampulheta nas mulheres indica um nível relativamente mais elevado de estrogénio em relação à testosterona, enquanto a forma masculina do corpo nos homens indica um nível relativamente mais elevado de testosterona em relação ao estrogénio (Carranza-Lia et al., 2006; Kasperk et al., 1997).

Estudos empíricos demonstraram uma associação entre a forma do corpo e os níveis de hormonas sexuais. Por exemplo, os seios maiores e a forma corporal mais feminina nas mulheres estão positivamente associados aos níveis de estrogénio (Jasienska et al., 2004). Por outro lado, uma forma corporal mais masculina ou um perímetro da cintura elevado nas mulheres estão positivamente associados à testosterona salivar ou plasmática (ou a uma elevada relação testosterona/estrogénio) (Carranza-Lira et al., 2006; Evans et al., 1983; Soares et al., 2000). Nos homens, o tamanho dos ombros em relação às ancas está relacionado com os níveis de testosterona, sendo que os homens com níveis elevados de testosterona apresentam ombros largos e ancas estreitas (Kasperk et al., 1997). Num estudo realizado por Carter (1992), os homens hipogonadais que apresentam níveis baixos de testosterona não conseguem desenvolver caracteres corporais masculinos na puberdade sem tratamento com testosterona.

Então, porque é que achamos atraentes as mulheres com figura de ampulheta e os homens com corpos masculinizados? Os estudiosos da evolução propõem que os seres humanos evoluíram para percecionar o corpo Os caracteres ligados à saúde e à reprodução são considerados atractivos. As explicações mais proeminentes provêm de estudos que examinam a saúde e a fertilidade (Bjorntorp, 1987; Jasienska et al., 2004; Singh, 1993).

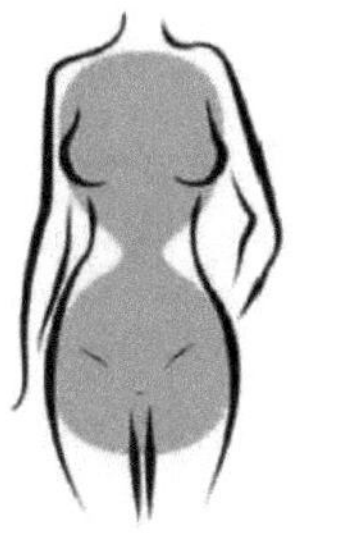

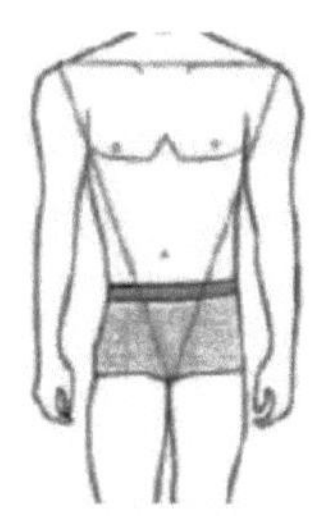

Hourglass Inverted Triangle

Figura 1. Imagens da forma corporal típica do sexo

Saúde

A forma corporal típica do sexo é um marcador fiável de melhor saúde. Para as mulheres, a figura de ampulheta está associada a uma menor taxa de morte prematura, mortalidade, acidente vascular cerebral e doenças cardíacas e a melhores respostas ao stress (Bjorntorp, 1988; Folsom et al., 1993; Lapidus et al., 1984; Singh & Singh, 2011; Welborn, Dhaliwal, & Bennett, 2003). O físico musculado dos homens está negativamente associado às beta-lipoproteínas, o que está positivamente relacionado com a incidência de doenças coronárias e aterosclerose (Evans, 1972). A beta-lipoproteína é um complexo que transporta a gordura neutra e o colesterol no sangue. Além disso, as configurações corporais, em particular o rácio cintura-quadril (RCQ), têm demonstrado estar relacionadas com outros indicadores de saúde. Por exemplo, uma RCQ mais elevada em adultos do sexo masculino e feminino está relacionada com baixo peso à nascença (um indicador de desnutrição intra-uterina) e atraso de crescimento precoce (Law et al., 1992; Sim & Chun, 2015), que são factores de risco para o desenvolvimento de doenças cardiovasculares, acidente vascular cerebral, hipertensão arterial e diabetes na idade adulta (Barker & Sultan, 1995; Godfrey, & Barker, 2001; Holness, langdown, & Sugden, 2000).

Além disso, o baixo peso ao nascer tem um efeito sobre a RCQ em interação com o ambiente pós-natal. Sim e Chun (2015) relataram que a relação entre a RCQ e o peso ao nascer foi moderada pela renda familiar após o ajuste para idade e sexo (ver Figura 2). Especificamente, a um nível elevado de rendimento, a RCQ aumentou com a diminuição do peso à nascença, enquanto os níveis de RCQ não dependiam do peso à nascença a um nível baixo de rendimento. Este resultado indica que o efeito da desnutrição intra-uterina na gordura abdominal varia consoante o ambiente pós-natal. Por outras palavras, a probabilidade de acumulação de gordura abdominal aumenta quando os indivíduos expostos à desnutrição intra-uterina crescem num ambiente rico, ao passo que esse efeito não se verifica quando esses indivíduos crescem num ambiente de escassez de recursos associado a baixos rendimentos.

Uma explicação plausível para este facto advém da hipótese do fenótipo parcimonioso proposta por Hales e Barker (1992). De acordo com esta hipótese, o feto em desenvolvimento ajusta permanentemente a sua função metabólica de forma a converter facilmente as calorias em gordura em resposta à subnutrição pré-natal, a fim de estar melhor preparado para uma má nutrição pós-natal.

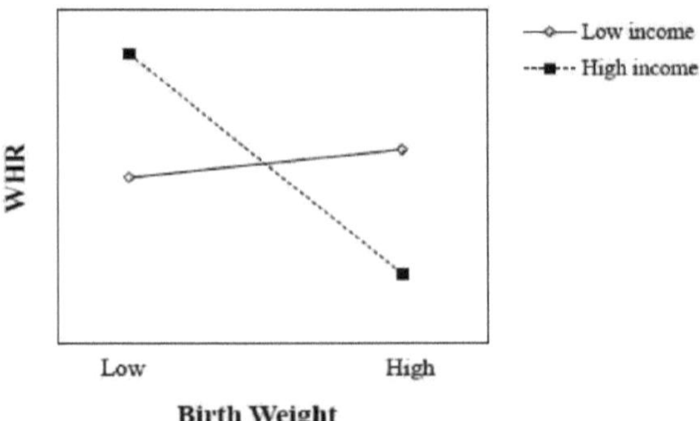

Figura 2. Efeito da interação entre peso ao nascer e renda familiar na RCQ (Sim & Chun, 2015).

Por conseguinte, a RCQ tem sido amplamente utilizada como uma medida fiável da obesidade na investigação clínica. De acordo com estudos que medem a obesidade abdominal utilizando a tomografia computorizada, a RCQ está positivamente associada à gordura intra-abdominal nas mulheres (r = 0,61) e à acumulação de tecido adiposo abdominal nos homens (r = 0,76) (Ashwell, Cole, & Dixson, 1985; Despres, Prudhomme, Poulit, Trembley, & Bourchard, 1991). Sabe-se que uma maior gordura intra-abdominal está relacionada com um maior risco de doenças cardiovasculares.

Além disso, a forma corporal típica do sexo é a expressão da estabilidade do desenvolvimento, indicando qualidade genética e fenotípica. Por exemplo, os homens com caraterísticas corporais mais masculinizadas e as mulheres com caracteres mais feminizados apresentam maior simetria na morfologia corporal bilateral do que os seus homólogos do mesmo sexo (Brown, Price, Kang et al., 2008; Moller & Thornhill, 1998). Os resultados sugerem que a forma corporal típica do sexo parece fornecer informações sobre as qualidades dos indivíduos. Por conseguinte, a forma corporal típica do sexo pode ser um sinal honesto de saúde e qualidade genética (Gangestad & Scheyd, 2005; Gangestad & Thornhill, 1997; Henss, 1995; Hughes & Gallup, 2003; Hamilton & Zuk, 1984).

Outra evidência para apoiar a forma corporal típica do sexo como um marcador honesto para uma melhor saúde e genes superiores vem de quadros teóricos para a análise da relação entre as hormonas sexuais e a função imunitária. De acordo com o princípio da desvantagem (Zahavi, 1975) e a hipótese da desvantagem da imunocompetência (Folstad & Karter, 1992), a forma corporal atípica é um traço de desvantagem, que é um traço dispendioso que não pode ser acessível a indivíduos com qualidade genética inferior.

A ideia básica subjacente a estas hipóteses é a de que a testosterona nos homens e o estrogénio nas mulheres facilitam o desenvolvimento de formas corporais sexo-típicas, mas são onerosos para o sistema imunitário, com efeito imunossupressor (Folstad & Karter, 1992), embora tenha sido relatado um efeito oposto do estrogénio no sistema imunitário das mulheres (Straub, 2007).

Devido a este duplo efeito das hormonas sexuais, tanto os machos como as fêmeas que desenvolvem formas corporais em grande parte típicas do sexo, apesar dos efeitos imunossupressores das hormonas sexuais, podem demonstrar uma imunocompetência superior, sinalizando genes superiores resistentes a doenças e agentes patogénicos (Folstad & Karter, 1992; Thornhill & Moller, 1997). Os modelos de genes bons e a hipótese de Hamilton e Zuk propuseram que apenas os indivíduos que têm capacidade para lidar com níveis elevados de hormonas sexuais podem desenvolver formas corporais sexo-típicas com um bom sistema imunitário (Folstad & Karter, 1992; Hamilton & Zuk, 1982; Thornhill & Moller, 1997; Zahavi, 1975).

Potencial reprodutivo

A forma corporal típica do sexo está ligada à capacidade reprodutiva. Por exemplo, as mulheres mais femininas com uma gama normal de gordura corporal têm maior probabilidade de ter uma menarca mais precoce, ciclos menstruais regulares e maior sucesso reprodutivo do que as menos femininas (Kirchengast, 1998). As mulheres com ancas largas em relação à cintura (baixa RCQ) e/ou seios grandes, indicador de estrogénio mais elevado, estão positivamente associadas à probabilidade de conceção durante a fertilização in vitro e a inseminação artificial (Wass, Waldenstrom, Rossner, & Hellberg, 1997; Zaadstra et al., 1993). Especificamente, como resultado da inseminação artificial, um aumento de 0,1 unidade na RCQ levou a uma diminuição de 30% na probabilidade de conceção por ciclo após o ajuste para factores de confusão (por exemplo, idade, gordura, tabagismo, etc.) (Zaadstra et al., 1993). Na fertilização in-vitro, as mulheres com RCQ entre 0,70 - 0,79 tiveram uma taxa de gravidez de 29,9%, em comparação com 15,9% naquelas com RCQ acima de 0,80 (Wass et al., 1997). Estes resultados indicam que a taxa de sucesso da gravidez foi mais elevada nas mulheres com corpos mais femininos do que naquelas com corpos menos femininos.

Além disso, a RCQ das mulheres varia ao longo do ciclo menstrual, diminuindo durante a fase ovulatória do ciclo menstrual, altura em que a conceção é mais provável (Kirchengast & Gartner, 2002). As mulheres em idade reprodutiva tendem a ter uma

RCQ mais baixa do que as mulheres na pós-menopausa (Soares et al., 2000). No entanto, tanto a gordura corporal muito baixa como a gordura corporal elevada foram associadas a níveis mais baixos de estrogénio em mulheres saudáveis na pré-menopausa e a uma menor probabilidade de taxas de conceção em mulheres subférteis e ovulatórias (van der Steeg et al., 2007; Ziomkiewicz, Ellison, Lipson, Thune, & Jasienska, 2008).

Outra linha de estudos demonstrou que a forma corporal típica do sexo também está relacionada com a atratividade avaliada pelos próprios e pelos outros. Por exemplo, tanto os homens como as mulheres com formas corporais típicas são vistos pelos outros como sendo atractivos (Barber, 1995; Dijkstra & Buunk, 2001; Dixson, Halliwell, East, Wignarajah, & Anderson, 2003; Henss, 1995; Horvath, 1979; Swami & Tovee, 2005). Os homens com corpos mais masculinos (aqueles com ombros largos em relação às ancas) e as mulheres com corpos mais femininos classificaram-se como sendo mais atraentes do que os seus homólogos após ajustamento para a idade e a etnia (Sim & Chun, 2016).

Estes indivíduos também tendem a ter um início de atividade sexual significativamente mais precoce, mais parceiros sexuais ao longo da vida e mais infidelidade sexual, em comparação com os homólogos do mesmo sexo (Hughes, Dispenza, & Gallup, 2004; Hughes & Gallup, 2003; Singh, 1993; Singh, 1995). Assim, a forma corporal típica do sexo, um marcador de hormonas reprodutivas elevadas, pode ser um sinal honesto de bons genes, melhor saúde com bom sistema imunitário e maior potencial reprodutivo.

Hereditariedade

Os modelos dos bons genes e a hipótese de Hamilton e Zuk propuseram que os traços sexuais exagerados indicam a posse de genes superiores resistentes a doenças e agentes patogénicos (Fisher, 1930; Hamilton & Zuk, 1982; Zahavi, 1975). Algumas provas diretas da base genética dos caracteres sexualmente selecionados provêm de estudos com animais. Estudos de correlação genética demonstraram a relação entre caraterísticas sexuais, genótipo e preferência pelo parceiro (von Schantz, Wittzell, Goransson, Grahn, & Persson, 1996; Wilcockson et al., 1995). Por exemplo, o genótipo do complexo principal de histocomparabilidade (MHC), que é um gene associado à resposta imunitária aos agentes patogénicos (Brown, 1997), está associado a variações no comprimento do esporão (caraterística sexual preferida), à viabilidade dos faisões machos e à sobrevivência e viabilidade da descendência. Outros estudos genéticos mostraram uma correlação elevada entre pais e filhos no que respeita aos caracteres sexuais (Wilcockson et al., 1995).

Do mesmo modo, as formas do corpo humano e as hormonas sexuais parecem indicar uma qualidade hereditária. Estudos com gémeos sobre a influência genética nas formas do corpo e na composição corporal revelaram grandes efeitos genéticos aditivos no perímetro da cintura, na anca e na RCQ (Nelson et al., 1999; Schousboe et al., 2003). Outro estudo também registou uma maior semelhança familiar (por exemplo, pai-filho e mãe-filha) na RCQ (Donahue et al., 1992). Além disso, os níveis de hormonas sexuais responsáveis pelo desenvolvimento da forma corporal também têm componentes genéticos elevados (Kuijper et al., 2007). Assim, a forma corporal sexo-típica é substancialmente hereditária e pensa-se que assinala a qualidade genética, sugerindo que as vantagens associadas à forma corporal sexo-típica podem ser transmitidas aos descendentes.

Em resumo, as formas corporais típicas do sexo (o físico musculado de um homem e a figura de ampulheta de uma mulher) indicam os níveis óptimos de hormonas sexuais e são marcadores conspícuos de bons genes, melhor saúde, bom desenvolvimento e maior fertilidade (Barber, 1995; Law et al., 1992; Singh & Singh, 2011). Estão também ligados à perceção de atratividade das pessoas e conferem maior sucesso reprodutivo (Gallup & Frederick, 2010). Assim, a forma corporal típica do sexo deve estar associada a outros traços corporais conhecidos que sinalizam saúde e fertilidade.

3. Indicadores de qualidade

1. Rácio de dígitos

Pensa-se que os padrões de comprimento dos dedos são determinados pelos níveis de hormonas sexuais expostas no útero da mãe (Manning, Scutt, Wilson, & Lewis-Jones, 1998). O dedo indicador mais curto em relação ao dedo anelar, do segundo dígito inferior (2D) ao quarto dígito (4D), indica uma maior exposição pré-natal à testosterona em relação ao estrogénio, ao passo que um maior 2D:4D indica uma menor exposição pré-natal à testosterona em relação ao estrogénio (Manning, 2002). Em média, os homens têm um 2D:4D mais baixo do que as mulheres (Manning, 2002).

Acredita-se que os padrões de comprimento dos dígitos são estabelecidos por volta da 14th semana de gestação, um período crítico de desenvolvimento do cérebro fetal, e permanecem constantes durante a idade adulta (Manning et al., 1998). Por outras palavras, o rácio dos dígitos é determinado pela exposição hormonal in utero e não é afetado pelas hormonas circulantes ou outros factores após o nascimento (Manning, 2002). Por conseguinte, o rácio 2D:4D tem sido amplamente utilizado como um biomarcador de substituição dos níveis hormonais sexuais pré-natais.

Muitos estudos demonstraram que o 2D:4D indica os níveis relativos de testosterona pré-natal em relação ao estrogénio. A prova mais convincente vem do estudo efectuado por Lutchmaya, Baron-Cohen, Raggatt, Knickmeyer e Manning (2004). No seu estudo, a testosterona e o estrogénio fetais foram obtidos a partir do líquido amniótico e os comprimentos do segundo e do quarto dedos foram medidos aos dois anos de idade. Os resultados mostraram que uma relação 2D:4D baixa está significativamente associada a uma relação testosterona/estrogénio fetal elevada.

Outras provas de apoio ao envolvimento pré-natal das hormonas sexuais no padrão de comprimento dos dedos foram encontradas nos estudos de mulheres expostas a níveis elevados de testosterona no útero. Tanto as mulheres com hiperplasia suprarrenal congénita (HAC; uma condição genética que expõe o feto a níveis anormalmente elevados de androgénios) como as raparigas gémeas fraternas de sexo oposto apresentavam proporções de dígitos mais masculinas (menor 2D:4D), em comparação com os seus controlos da mesma idade (Brown, Hines, Fane, & Breedlove, 2002; Buck, Williams, Hughes, & Acerini, 2003; Okten, Kalyoncu, & Yaris, 2002; Van Anders, Vernon, & Wilbur, 2006).

Berenbaum et al. (2009) também relataram uma descoberta semelhante entre os homens com síndrome de insensibilidade aos androgénios. A síndrome de insensibilidade aos androgénios (SIA) é uma condição genética em que os androgénios são normalmente produzidos, mas incapazes de desempenhar as suas funções no organismo devido a receptores de androgénios insensíveis, indicando baixos níveis de exposição à testosterona. Os homens com esta condição são geneticamente do sexo masculino com cromossoma XY, mas têm genitais externos de fêmeas sem útero. O resultado mostrou que a relação 2D:4D dos machos genéticos com AIS era inferior à dos machos típicos e semelhante à das fêmeas típicas.

Outras provas convincentes do envolvimento de hormonas pré-natais no 2D:4D são relatadas por uma série de estudos em animais (Feliciano, Niemitz, & Vogan, 2011; Talarovicova, Krskova, & Blazekova, 2009; Zheng & Cohn, 2011). A injeção de testosterona durante a gravidez resultou num quarto dígito alongado nas patas dianteiras esquerda e direita em ratos machos e fêmeas, causando um 2D:4D inferior (Talarovicova et al., 2009). A ativação do recetor de androgénio resultou num aumento do crescimento do quarto dígito, causando um 2D:4D inferior, enquanto a inativação do recetor de androgénio por manipulação genética resultou numa diminuição do crescimento do quarto dígito, causando um 2D:4D superior (Zheng & Cohn, 2011). Por outro lado, a ativação ou inativação dos receptores de estrogénio mostrou padrões opostos: o 2D:4D aumentou com a ativação do estrogénio e diminuiu com a inativação do estrogénio.

Saúde

Os rácios de dígitos estão relacionados com a saúde do desenvolvimento. No caso dos homens, o rácio 2D:4D está associado não só ao crescimento fetal, mas também ao tamanho do corpo adulto e à obesidade. Especificamente, foi demonstrado que os homens adultos com um padrão de dígitos mais feminizado (2D:4D elevado) têm maior probabilidade de ter um peso pequeno à nascença, o que constitui um fator de risco para o desenvolvimento de doenças cardiovasculares, acidente vascular cerebral, hipertensão arterial e diabetes na idade adulta (Barker & Sultan, 1995; Frederick, 2010; Godfrey & Barker, 2000, 2001; Holness et al., 2000; Ronalds, Phillips, Godfrey, & Manning, 2002; Sim & Chun, 2015, ver Figura 3). Os padrões de dígitos feminizados dos homens também têm sido relacionados com o tamanho pequeno do corpo (Frederick, 2010) e a obesidade (Frederick, 2010; Fink, Neave, & Manning, 2003), e com o aumento do risco de enfarte do miocárdio, um fator de risco de doenças coronárias (Fink, Manning, & Neave, 2006; Manning & Bundred, 2001).

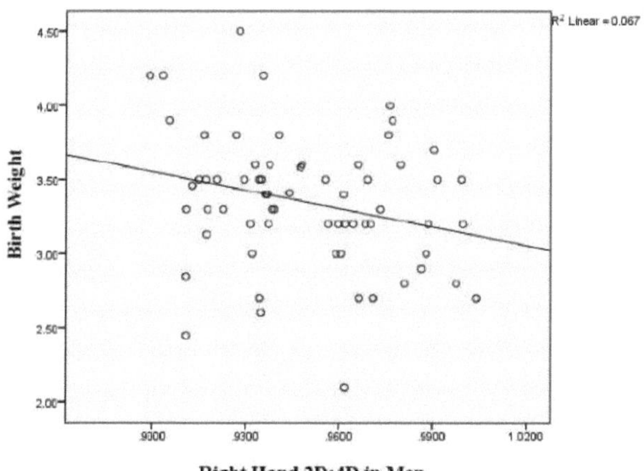

Figura 3. Os homens com menor 2D:4D tiveram maior peso ao nascer (r = -0,26, p = 0,037) e cresceram mais alto (r = -0,30, p = 0,016) do que aqueles com maior 2D:4D (Sim & Chun, 2015).

Entre as mulheres, os padrões de dígitos masculinizados estão associados a uma distribuição da gordura corporal semelhante à masculina, que é um indicador de vulnerabilidade a doenças nas mulheres (Fink et al., 2003; Manning, 2002). Além disso, as mulheres com menor 2D:4D na mão esquerda apresentam um maior risco de cancro da mama (Muller et al., 2012). Os resultados sugerem que os níveis atípicos de testosterona pré-natal podem ser um possível indicador de uma quebra da homeostase do desenvolvimento, que pode predispor os indivíduos a determinadas doenças.

O 2D:4D também parece ser um indicativo de saúde mental. Os homens com um 2D:4D elevado (baixa testosterona pré-natal) apresentaram pontuações de depressão mais elevadas do que aqueles com um 2D:4D baixo (Bailey & Hurd, 2005). Contrariamente a esta constatação, Martin et al. (1999) e Vermeersch et al. (2008) registaram resultados opostos. Estes resultados inconsistentes sugerem que tanto os níveis elevados como os baixos de testosterona pré-natal podem aumentar o risco de desenvolver depressão.

Um estudo recente dá algum apoio a esta posição, mostrando uma relação curvilínea entre 2D:4D e depressão após ajustamento para idade, rendimento, sexo, IMC e lateralidade, representando 5% da variância na depressão (ver Figura 4, Sim & Chun, 2015).

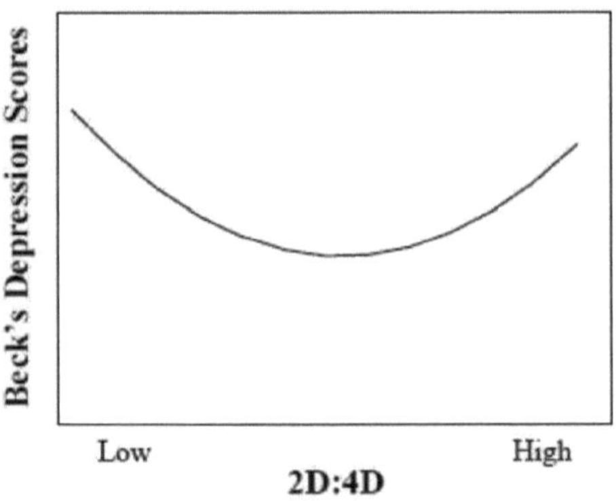

Figura 4. A relação curvilínea entre 2D:4D e depressão (p = .228, p = .002, sr^2 = .05, Sim & Chun, 2015).

Potencial reprodutivo

Os rácios dos dígitos parecem desempenhar um papel na fertilidade. Alguns estudos referem que um rácio 2D:4D baixo está positivamente relacionado com a testosterona circulante e a qualidade do esperma nos homens (Manning, Scutt, Wilson, & Lewis-Jones, 1998).

Outro estudo mostrou que o 2D:4D estava associado a traços comportamentais e psicológicos ligados à fertilidade. Num estudo de Manning e Fink (2008), os homens com padrão de dígitos masculinizados e as mulheres com padrão de dígitos feminizados demonstraram ter um maior desejo sexual e uma tendência mais forte para ficarem sexualmente excitados, o que se pode traduzir em vários comportamentos sexuais. Os homens com baixo 2D:4D também tinham uma maior frequência de sexo e um desejo mais forte de ter filhos.

Outros estudos mostraram as relações entre os rácios dos dígitos e a perceção da atratividade e do comportamento sexual. Os homens com baixos valores de 2D:4D foram considerados pelas mulheres como mais atractivos fisicamente e mais desejáveis como parceiros românticos, e apresentaram mais comportamentos de cortejamento durante uma breve conversa com as mulheres (Roney & Maestripieri, 2004). Os homens com baixos valores de 2D:4D tinham mais parceiras sexuais (Honekopp, Manning, & Muller, 2006), embora Rahman et al. (2005) não tenham referido qualquer associação entre eles. No caso das mulheres, aquelas com maior 2D:4D à esquerda ($r = -.19$, $p = .028$, $d = -.39$) classificaram-se como sendo mais atraentes fisicamente (Sim & Chun, 2016). No entanto, o 2D:4D nos homens não foi associado à perceção de atratividade, embora estivesse relacionado com a dominância e a masculinidade (Neave Laing, Fink, & Manning, 2003).

Além disso, poucos estudos relataram uma associação direta entre as proporções dos dígitos e a fertilidade. Por exemplo, os homens com rácios de dígitos masculinizados e as mulheres com padrões de dígitos feminizados tiveram mais filhos do que os homens com 2D:4D feminizados e as mulheres com 2D:4D masculinizados, respetivamente (Manning et al., 2000; Manning & Fink, 2008). As mulheres com

2D:4D feminizado também tiveram uma idade mais precoce para o primeiro filho. Assim, parece que um baixo 2D:4D nos machos e um alto 2D:4D nas fêmeas estão relacionados com um elevado sucesso reprodutivo.

Hereditariedade

Existe uma contribuição genética substancial para a determinação do 2D:4D. Paul et al. (2006) relataram que a hereditariedade de 2D:4D é de aproximadamente 66% numa amostra de 456 pares de gémeos do sexo feminino com idades compreendidas entre os 18 e os 79 anos para ambas as mãos. Outro estudo efectuado por Voracek e Dressler (2007) também encontrou resultados semelhantes. No seu estudo, o modelo de equação estrutural mais adequado indicou 81% de efeito genético aditivo, 19% de efeito ambiental não partilhado e 0% de efeito ambiental partilhado. Um estudo subsequente encontrou efeitos genéticos não aditivos e efeitos ambientais partilhados em 2D:4D como sendo nulos ou negligenciáveis (Voracek & Dressler, 2009), indicando hereditariedade genética aditiva de rácios de dígitos.

Um estudo de semelhança familiar baseado na semelhança entre pais e filhos e díades de irmãos completos com um grande número de indivíduos (1.260 indivíduos de 235 famílias austríacas) também encontrou uma elevada hereditariedade, 57% para a mão direita e 48% para a mão esquerda 2D:4D (Voracek, & Dressler, 2009). Os resultados indicam que o 2D:4D tem uma componente hereditária considerável.

2. Assimetria flutuante (FA)

A AF refere-se aos desvios aleatórios, induzidos pelo stress, da simetria perfeita das partes esquerda e direita do corpo (Van Valen, 1962). Por isso, o tamanho da AF é amplamente utilizado como um indicador de instabilidade no desenvolvimento. Especificamente, a AF reflecte a incapacidade de um indivíduo de resistir a tensões genéticas (por exemplo, diminuição da heterozigotia proteica, mutação, etc.) e ambientais (por exemplo, nutrição, infeção por parasitas ou agentes patogénicos, etc.) durante o desenvolvimento (Moller & Swaddle, 1997). Por outras palavras, a AF reflecte uma expressão imprecisa da conceção do desenvolvimento devido à falta de capacidade de lidar com o stress genético e ambiental experimentado durante o desenvolvimento.

Devido ao stress genético e ambiental, os processos de desenvolvimento e a homeostase podem ser perturbados; isto causa uma redução da eficiência energética e da disponibilidade para um desenvolvimento estável, resultando numa FA elevada (Moller & Swaddle, 1997; Palmer & Strobeck, 1986; Parson, 1990; Thornhill & Gangestad, 1993; Van Valen, 1962). Assim, a AF pode ser utilizada como um instrumento para identificar a vulnerabilidade do mecanismo regulador do desenvolvimento (Watson & Thornhill, 1994). Assim, uma baixa AF indica se os indivíduos estão geneticamente preparados para lidar com o stress e se crescem num ambiente relativamente seguro e menos stressante.

A magnitude da AF está geralmente associada à saúde e à fertilidade (Gangestad & Thornhill, 1999; Jasienska, Lipson, Ellison, Thune, & Ziomkiewicz, 2006; Moller & Swaddle, 1997; Thornhill, & Gangestad, 1994). De acordo com a hipótese dos bons genes, os indivíduos com genes superiores devem resistir melhor aos stresses genéticos e ambientais, o que resulta numa menor AF e numa boa saúde (Manning, Kourkourakis, & Brodie, 1997; Palmer & Strobeck, 1986; Parson, 1990; Thornhill & Gangestad, 1993).

Saúde

Um grande número de trabalhos de investigação tem referido as relações entre a AF e as medidas de saúde. Por exemplo, um baixo nível de AF é indicador de baixa morbilidade e mortalidade, de elevada eficiência metabólica, de elevadas taxas de crescimento e de melhor saúde psicológica (Livshits & Kobyliansky, 1991; Manning et al., 1997; Shackelford & Larsen, 1999). Um baixo nível de AF prediz taxas mais baixas de infeção, indicando uma melhor função imunitária (Thornhill & Gangestad, 2006). A baixa AF está positivamente correlacionada com a heterozigotia genética (Fink & Penton-Voak, 2002; Livshits & Kobyliansky, 1991), indicando uma maior resistência a diversos agentes patogénicos em indivíduos simétricos. A baixa AF está também associada a um bom estado de saúde, quer auto-avaliado, quer avaliado por outros (Gangestad & Thornhill, 1997; Jones et al., 2001).

Além disso, as mulheres mais simétricas tendem a ter um índice de massa corporal (IMC: indicador de saúde) mais baixo (Milne et al., 2003). As mulheres que sofrem de cancro da mama apresentam uma maior assimetria mamária do que as mulheres saudáveis com a mesma idade (Scutt, Manning,

Whitehouse, Leinster, & Massey, 1997). Além disso, a AF está positivamente associada a uma série de anomalias cromossómicas e doenças genéticas (por exemplo, síndrome de Down) (Livshits & Kobyliansky, 1991; Reilly et al., 2001).

Outra linha de estudos mostrou que a AF está associada a componentes físicos e comportamentais relacionados com a competição reprodutiva. Por exemplo, a AF está negativamente associada à massa corporal e à altura, que indicam dominância, entre os machos adultos (Manning, 1995). A AF está negativamente associada à agressividade física e à capacidade de luta nos machos, mas não nas fêmeas (Furlow, Gangestad, & Armijo-Prewitt, 1998; Manning & Wood, 1998). A baixa AF prediz mais musculatura e vigor entre os homens (Gangestad & Thornhill, 1997). Os homens simétricos também têm pontuações mais elevadas nos testes de QI, o que prediz um estatuto social elevado (Furlow, Armijo-Prewitt, Gangestad, & Thornhill, 1997).

Potencial reprodutivo

No que respeita à fertilidade, os homens simétricos tendem a ser significativamente mais férteis, com maior número de espermatozóides por ejaculação, maior velocidade

A HGS parece sinalizar o estado de saúde, a masculinidade geral e a aptidão reprodutiva com uma componente genética substancial (Gallup et al., 2007; Koley, & Singh, 2010; Miller & Freivalds, 1987; Ross & Rosblad, 2002).

Hereditariedade

A HGS tem uma forte componente genética aditiva. Reed, Fabsitz, Selby e Carmelli (1991) registaram a maior estimativa de hereditariedade, responsável por 65% da variância após ajustamento para peso, altura, idade, gordura, massa muscular e tamanho da estrutura. Da mesma forma, Frederiksen et al. (2002) encontraram 62% de hereditariedade em 1757 pares de gémeos dinamarqueses do sexo masculino e feminino com idades compreendidas entre os 45 e os 96 anos. Um estudo de acompanhamento de gémeos realizado durante dez anos por Carmelli & Reed (2000) demonstrou a estabilidade da FH na idade adulta devido à influência genética e familiar. Estes resultados sugerem que a HGS é uma caraterística altamente hereditária.

4. Rácio perna/tronco (LTR)

A LTR é sensível a perturbações ambientais durante o desenvolvimento e parece estar associada à saúde do desenvolvimento e à perceção da atratividade (Gunnell et al., 2003; Sorokowski & Pawlowski, 2008; Swami, Einon, & Furnham, 2006). A RLT é uma caraterística sexualmente dimórfica, embora os resultados a esse respeito tenham sido inconsistentes (Brown et al., 2008; Swami et al., 2006). Alguns estudos mostraram que as mulheres tinham pernas relativamente mais compridas do que os homens (Gunnell et al., 1998; Swami et al., 2006), enquanto o inverso foi encontrado noutros estudos (Dangour, Schilg, Hulse, & Cole, 2002).

Saúde

Tanto os homens como as mulheres com pernas mais compridas em relação ao comprimento do tronco (RLT elevado) têm maior probabilidade de ter um IMC mais baixo, incidência de doenças cardíacas e mortalidade na idade adulta (Gunnell et al., 1998; Gunnell et al., 2003; Smith et al., 2001; Swami et al., 2006). Pernas relativamente longas indicam uma melhor nutrição na infância (Swami et al., 2006; Tanner, Hayashi, Preece, & Cameron, 1982). Foi demonstrado que o comprimento relativo das pernas na infância prediz a mortalidade por doença coronária em ambos os sexos, aumentando com a diminuição do comprimento das pernas na infância (Gunnell et al., 1998).

Contrariamente a conclusões anteriores, Brown et al. (2008) referiram que os homens com pernas mais curtas e as mulheres com pernas mais compridas apresentavam uma melhor saúde em termos de desenvolvimento (tal como indicado por uma baixa AF). Apesar de alguma controvérsia, os resultados sugerem que o comprimento das pernas em comparação com o comprimento do tronco é um indicador sensível da saúde do desenvolvimento (Swami et al., 2006).

Potencial reprodutivo

Pensa-se que a LTR é uma componente da atratividade, tanto nos homens como nas mulheres. Num estudo, as mulheres com pernas mais longas e os homens com pernas mais curtas em relação ao tronco foram considerados mais atraentes do que os seus homólogos do mesmo sexo (Swami et al., 2006). Outro estudo referiu que as pernas relativamente longas em ambos os sexos foram consideradas mais atractivas (Sorokowski & Pawlowski, 2008; Sorokowski & Sorokowska, 2012). No entanto, tanto os homens como as mulheres com pernas excessivamente longas foram considerados menos atraentes (Sorokowski & Pawlowski, 2008; Sorokowski & Sorokowska, 2012). O outro estudo não relatou qualquer associação entre a perceção de atratividade e o comprimento relativo das pernas (Smith, Cornelissen, & Tovee,

2006).

Hereditariedade

O estudo de correlação genética em pares de gémeos saudáveis do sexo masculino e feminino revelou uma maior hereditariedade para a altura, 0,81 e 0,69, respetivamente (Schousboe et al., 2003). Este resultado sugere que o tamanho do corpo adulto é altamente hereditário tanto nos homens como nas mulheres.

4. Indicadores da forma e da qualidade do corpo segundo o sexo

Represento dados que se referem à forma corporal típica do sexo, à sua relação com traços corporais que se pensa sinalizarem a qualidade genética e fenotípica e aos seus papéis na potencial aptidão reprodutiva.

O indicador 2D:4D é um biomarcador indireto dos níveis hormonais sexuais pré-natais, uma vez que um 2D:4D baixo reflecte um nível elevado de testosterona em relação ao estrogénio, e parece indicar a saúde do desenvolvimento e o potencial reprodutivo (Manning, 2002; Manning et al., 1998; Ronalds et al., 2002; Roney & Maestripieri, 2004). A magnitude da AF é um indicador bem conhecido da instabilidade do desenvolvimento, reflectindo a incapacidade de um indivíduo para resistir a tensões genéticas e ambientais, e a AF está geralmente associada à saúde e à fertilidade (Gangestad & Thornhill, 1999; Moller & Swaddle, 1997; Thornhill, & Gangestad, 1994). Sabe-se que a HGS reflecte a saúde, a masculinidade e a qualidade genética (Gallup et al., 2007; Giampaoli, et al., 1999). A LTR é sensível a perturbações ambientais durante o desenvolvimento e parece estar associada à saúde e à perceção de atratividade (Brown et al., 2008; Swami et al., 2006).

Existem poucas provas empíricas sobre a relação entre medidas objectivas da forma corporal típica do sexo e indicadores de qualidade, embora existam informações substanciais em vários estudos independentes sobre a perceção da atratividade em relação à forma corporal típica do sexo ou a indicadores de qualidade e as relações destes com medidas de saúde (Bjorntorp, 1988; Dixson et al, 2003; Manning et al., 1997; Rikowski & Grammer, 1999; Shoup & Gallup, 2008; Singh, 1993; Singh & Singh, 2011; Smith et al., 2001; Sorokowski & Pawlowski, 2008; Welborn et al., 2003).

Poucos estudos tentaram investigar a relação entre a forma corporal típica do sexo e a AF. Brown et al. (2008) concluíram que os homens com um físico musculado (RCQ elevada) e as mulheres com uma figura de ampulheta (RCQ baixa) apresentavam uma AF corporal significativamente mais baixa do que os seus homólogos do mesmo sexo, enquanto Milne et al. (2003) e Perillous, Webster e Gaulin (2010) não encontraram tais efeitos. Relativamente à FPP, foi encontrada uma relação positiva entre a forma corporal masculina (rácio ombro-quadril elevado, SHR) e a FPP entre os homens (Gallup et al., 2007; Shoup & Gallup, 2008), enquanto Evans (1972) não relatou qualquer associação entre o rácio ombro-pélvico e a FPP. Outros estudos relacionados com os rácios dos dígitos também apresentaram resultados contraditórios. Fink et al. (2003) concluíram que uma relação 2D:4D baixa em ambas as mãos tinha uma associação positiva significativa com o perímetro da cintura, o perímetro da anca e o rácio cintura-peito (RCQ) nas mulheres. Também encontraram uma associação negativa marginalmente significativa entre o 2D:4D direito e a RCQ nos homens, enquanto Gallup et al. (2007) encontraram uma associação positiva entre estas variáveis nas mulheres. Não há evidências empíricas sobre a relação entre a forma corporal típica do sexo e a RLT. Por conseguinte, os resultados que relacionam a forma corporal típica do sexo com indicadores de qualidade não só não são claros como também são insuficientes.

A forma corporal típica do sexo e outros indicadores de qualidade acima referidos estão geralmente associados a factores relacionados com a aptidão física, como a saúde, a qualidade genética, a perceção da atratividade e a fertilidade. Por conseguinte, a forma corporal atípica deve estar relacionada com indicadores de qualidade. Se a forma corporal atípica serve de indicador visual da qualidade e do sucesso reprodutivo, deve estar relacionada com os indicadores de qualidade na direção esperada acima referida. Também investiguei que indicadores de qualidade são melhores para prever a forma corporal típica do sexo e os seus possíveis efeitos de interação nas formas corporais. Foram igualmente examinadas as relações entre os indicadores de qualidade. Além disso, dado que a forma corporal típica do sexo e os indicadores de qualidade indicam a qualidade do parceiro, também espero que haja uma relação entre estes traços e os comportamentos sexuais.

Para testar as relações entre a forma corporal típica do sexo e os indicadores de qualidade, foram utilizadas para análise a componente masculinidade do corpo (pontuação combinada dos factores das formas superiores e inferiores do corpo) para os homens e a feminilidade do corpo para as mulheres. Tanto a SHR como a WHR são predominantemente utilizadas na literatura; assim, também foram utilizadas para verificar os componentes da forma corporal.

5. Medições

Participaram no presente estudo 94 homens (idade média = 18,49 anos, intervalo 17-24, DP = 1,15) e 143 mulheres (idade média = 18,45 anos, intervalo 16-24, DP = 1,10). Os caucasianos constituíam 73% dos participantes do sexo masculino (n = 69) e 56,6% dos participantes do sexo feminino (n = 81). Os restantes participantes eram afro-americanos (10 homens e 24 mulheres), hispânicos (4 homens e 18 mulheres) e asiáticos (11 homens e 20 mulheres). Para testar as relações entre a forma corporal típica do sexo e os indicadores de qualidade, foram utilizadas medidas objectivas destas caraterísticas.

Forma corporal típica do sexo

Para extrair as formas corporais típicas do sexo, as circunferências do ombro, cintura, anca e ilíaca foram medidas duas vezes com uma fita métrica com uma precisão de 0,1 cm (ver Figura 5). Estas medidas de perímetro foram convertidas em rácios e, em seguida, a masculinidade corporal para os homens e a feminilidade para as mulheres foram extraídas destes rácios utilizando análises de componentes principais.

Para os homens, as circunferências do ombro, do peito e da cintura em relação à anca (SHRs, CHRs e WHRs) foram carregadas num único fator com um valor próprio de 2,0, que representou 67% da variância. Este fator único foi designado por masculinidade corporal, uma vez que pontuações mais elevadas indicam uma forma corporal mais masculina. Este componente de masculinidade corporal foi altamente correlacionado com a SHR (r = .86), WHR (r = .65) e CHR (r = .93).

Para as mulheres, as circunferências torácica, ilíaca e da anca em relação às circunferências da cintura (CWRs, IWRs e HWRs) foram extraídas como feminilidade corporal com um valor próprio de 2,1, o que representou 70% da variância. A circunferência ilíaca foi incluída na componente da feminilidade corporal porque está significativamente associada às dimensões pélvicas internas, que estão intimamente ligadas à fertilidade nas mulheres (Ellison, 1982). O componente de feminilidade corporal foi altamente correlacionado com a CWR (r = .75), IWR (r = .85) e HWR (r = .91) e diminuiu com o aumento da masculinidade corporal (WHR, r = -.91; SHR, r = -.18).

Alguns estudos referem que a perceção da atratividade do corpo dos homens diminui quando a musculatura corporal atinge um determinado ponto (Barber, 1995; Frederick, 2010). Outros estudos sugerem o intervalo típico de RCQ para homens saudáveis (0,85 - 0,95) e mulheres (0,67 - 0,80) (Singh & Singh, 2011). Assim, as pontuações dos componentes estavam dentro de ±2,4 DP para homens (RCQ entre 0,73 e 0,92; SHR, 0,97 - 1,26) e ±2,0 DP para mulheres (RCQ, 0,67 - 0,83; SHR, 0,89 - 1,17).

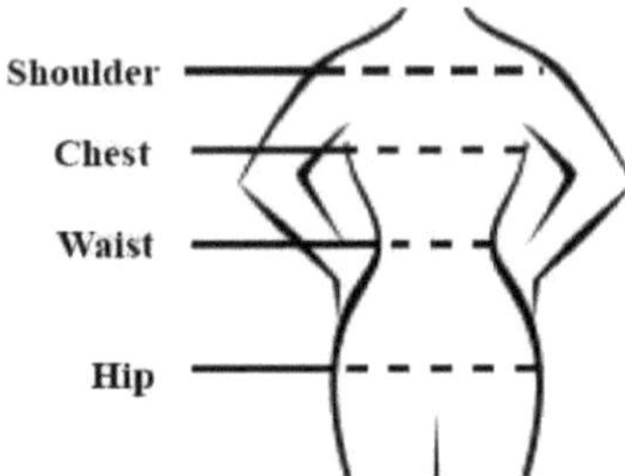

Figura 5. Medidas do corpo

Rácio de dígitos

Ambas as mãos foram digitalizadas com a palma virada para baixo, utilizando um scanner plano para medir o comprimento dos dedos. Os comprimentos do segundo e quarto dedos foram medidos com a ferramenta de medição (precisão de 0,01 mm) no Adobe Acrobat 7.0 professional (ver Figura 6). Cada dedo foi medido duas vezes na superfície palmar, desde a ponta até à prega basal, tendo sido calculada a média destas medições para obter uma medição final do comprimento. Os rácios 2D:4D foram calculados dividindo o comprimento do segundo dedo pelo comprimento do quarto dedo.

A fiabilidade das medições (coeficientes de correlação intra-classe, r_1) para cada comprimento de dedo foi elevada (variação de r1 = .997 a r1 = .999).

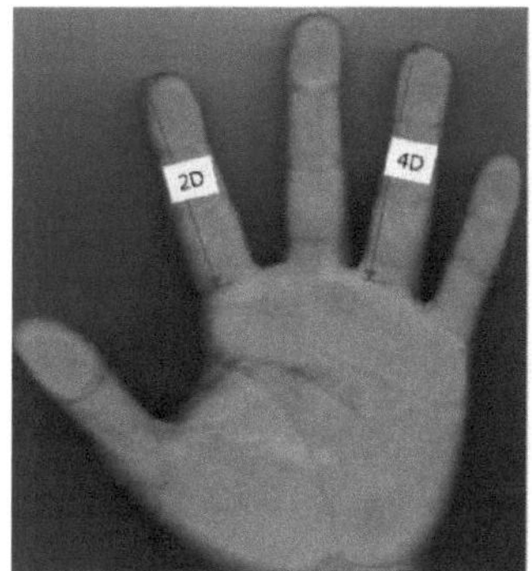

Figura 6. Mão esquerda 2D:4D.

Assimetria flutuante

A AF de caraterísticas múltiplas combinada numa AF composta para cada indivíduo parece detetar melhor a verdadeira instabilidade do desenvolvimento do que a AF de caraterística única (Leung et al., 2000). Assim, as seis caraterísticas bilaterais medidas foram incorporadas numa única AF composta. Os seis traços bilaterais (largura e comprimento da orelha, largura do pulso, largura do cotovelo, largura do tornozelo e largura da mão) foram medidos com um paquímetro digital com uma precisão de 0,01 mm, e depois foram incorporados numa única AF composta.

Os coeficientes de correlação intra-classe de concordância absoluta foram utilizados para avaliar a fiabilidade da re-medição das AFs assinadas (variou entre 0,732 e 0,964). Um modelo misto de ANOVA de duas vias revelou que as variâncias entre sujeitos nas AFs eram significativamente mais altas do que a variância dentro do sujeito (erro de medição) para os seis traços morfológicos bilaterais (variando de 6,439 a 54,854, todos $p < .001$). Não houve assimetria e curtose significativas para todas as AFs assinadas. Todas as FAs assinadas não revelaram nenhum desvio significativo da distribuição normal. Isto sugere que não há evidência de anti-simetria (Palmer & Strobeck, 1986).

Para testar a curtose e a assimetria, verifiquei uma distribuição de cada valor de assimetria assinada. Os valores de assimetria e curtose foram convertidos em escores z padronizados, e a significância da assimetria e da curtose (um valor acima de 2 e abaixo de -2) foi testada. Não houve assimetria e curtose significativas para todas as AFs assinadas. A normalidade foi também testada utilizando histogramas e o teste de Kolmogorov-Smirnov para cada AF assinado. Todos os AF assinados não revelaram nenhum desvio significativo da distribuição normal. Isto sugere que não há evidência de anti-simetria (Palmer & Strobeck, 1986).

Para testar a presença de assimetria direcional, que reflecte um viés consistente de um traço morfológico bilateral, foram realizados testes t de uma amostra (média = 0) para cada assimetria assinada (R-L) (Palmer & Strobeck, 1986). Todos os traços mostraram um desvio significativo de uma média de zero. No entanto, vários estudos referem que a AF destes traços pode ser utilizada para medir a estabilidade do desenvolvimento (Furlow et al., 1997; Gangestad & Thornhill, 2003; Manning, 1995; Manning et al., 1997; Thornhill & Gangestad, 1994). Por conseguinte, todos os 6 traços foram incluídos para calcular a AFC (£|(R- L)/(R+L)/2|). Todas as pontuações da CFA estavam dentro de ±3SD tanto para os machos como para as fêmeas.

Força de preensão manual

A força de preensão manual foi medida em quilogramas, utilizando um dinamómetro manual (Lafayette Instruments Model 78010, ver Figura 7). Cada participante apertou o dinamómetro com o máximo de força possível (ver Gallup et al., 2007). Estudos recentes referem que a FES está significativamente associada à dominância da mão (Kamarul, Ahmad, & Loh, 2006; Koley & Singh, 2010). A FES da mão dominante foi mais forte do que a da não dominante. Assim, foram utilizados para a análise os valores máximos de FEB das mãos dominantes.

Figura 7. Dinamómetro de mão

Rácio perna/tronco

Para calcular a RLT, a altura, o comprimento do tronco e o comprimento das pernas foram medidos com uma fita métrica fixada na parede com uma precisão de 1 mm. O comprimento do tronco (indicado como altura sentada) foi medido desde a superfície sentada até ao topo da cabeça. O comprimento das pernas foi calculado subtraindo a altura sentada à altura em pé.

Caraterísticas relacionadas com a saúde

Para avaliar o estado de saúde dos participantes, foram medidos o IMC, a saúde auto-relatada (1 = *pouco saudável* a 5 = *muito saudável*), a altura e o peso. O IMC foi calculado como (massa corporal em kg)/(altura em m)^2 .

Perguntas de auto-relato

Os comportamentos sexuais foram avaliados através de dois itens: número de parceiros sexuais e idade da primeira relação sexual. Estas questões forneceram informação indireta sobre o sucesso reprodutivo da amostra de jovens universitários aqui estudada, particularmente para os homens.

As perguntas sobre os dados pessoais incluíam a idade, a etnia, o rendimento familiar anual e a mão. All participants also rated their sexual orientation (1 = *exclusively heterosexual* to 7 = *exclusively homosexual*).

Antes da análise, foram eliminados os três valores em falta relativos à AF e um único valor em falta relativo à SHR nos homens e um único valor em falta relativo à HGS e à 2D:4D direita nas mulheres. Para reduzir a assimetria e a curtose extremas, o número de parceiros sexuais foi transformado logaritmicamente, ln(número de parceiros sexuais +1). Por conseguinte, foi utilizado um total de 90 homens e 141 mulheres para a análise posterior. Oitenta e cinco por cento dos participantes do sexo masculino (n = 76) e 88% das participantes do sexo feminino (n = 124) eram destros. Os restantes participantes identificaram-se como canhotos (14 homens e 15 mulheres) e ambidestros (duas mulheres). Todas as análises foram efectuadas separadamente para homens e mulheres devido à natureza sexualmente dimórfica das variáveis independentes.

6. Diferenças de sexo nas formas do corpo, indicadores de qualidade e Comportamentos sexuais

Para testar as diferenças entre os sexos nas medidas da forma corporal, nos indicadores de qualidade e nos comportamentos sexuais, foi efectuado o teste t de amostras independentes. Os resultados revelaram que as formas corporais e todos os indicadores de qualidade, exceto a AF, apresentavam diferenças significativas entre os sexos (ver Quadro 1). Os homens apresentaram maior RCQ e RCS do que as mulheres, indicando maior masculinidade nos corpos masculinos. A maior masculinidade corporal entre os homens também foi indicada por maior HGS e menor 2D:4D (maior exposição pré-natal à testosterona), em comparação com os das mulheres. De acordo com os resultados relatados por Dangour et al. (2002), os homens tinham pernas mais longas em relação ao tronco do que as mulheres. No que respeita ao comportamento sexual, os homens e as mulheres não diferiram no número de parceiros sexuais e na idade da primeira relação sexual.

Tabela 1. Diferenças entre os sexos em termos de formas corporais, indicadores de qualidade e comportamentos sexuais.

	Males		Females			
	Mean	*S.D.*	*Mean*	*S.D.*	*t*	*p*
WHR	.80	.05	.75	.04	10.182	< .001
SHR	1.14	.06	1.04	.05	14.892	< .001
LTR	.890	.05	.859	.05	4.778	< .001
HGS	42.04	8.13	24.87	4.57	20.522	< .001
Right 2D:4D	.951	.03	.963	.03	-2.985	.005
Left 2D:4D	.946	.03	.958	.03	-2.985	.003
FA	.093	.04	.103	.04	-1.768	n.s.
Age at 1st sex	16.07	1.43	16.30	1.41	-1.054	n.s.
No. of sex partners	3.33	4.75	2.76	3.23	1.091	n.s.

7. As relações entre indicadores de qualidade e Medidas de saúde

Para verificar os indicadores de qualidade (AFC, 2D:4D, HGS e LTR) em relação aos traços relacionados com a saúde (IMC, saúde auto-relatada, altura e peso), foram calculados os coeficientes de correlação parcial e de ordem zero de Pearson (ver Tabela 2). Os participantes com IMC mais elevado referiram ser menos saudáveis do que os participantes com IMC mais baixo (homens, r = -,21, p = 0,048; mulheres, r = -,15, p = 0,082).

Rácio de dígitos

Os canhotos do sexo masculino apresentaram 2D:4D direito significativamente mais baixo do que os destros [média 2D:4D da mão direita = 0,954 (DP = 0,03) e 2D:4D da mão esquerda = 0,933 (DP = 0,04), F(1, 88) = 6,99, p = 0,015], mas não para 2D:4D da mão esquerda [F (1, 88) = 1,651, n.s.]. No entanto, não foi encontrado qualquer efeito da mão no género feminino.

Entre os homens, os rácios dos dígitos tinham correlações marginalmente significativas com a altura (2D:4D direito, r = -.20, p = .060; 2D:4D esquerdo, r = -.19, p = .071) e uma associação não significativa com o IMC (2D:4D direito, r = .18, p = .095). No entanto, após ajustamento para a etnia (codificada em 3 variáveis binárias) e a destreza (codificada como destra = 0 e esquerda = 1), os homens com rácios de dígitos mais masculinos (2D:4D baixos) eram significativamente mais altos (2D:4D direito, r = -.22, p = .045) e tendiam a ter um IMC mais baixo (r = .18, p = .107) do que aqueles com rácios mais femininos (2D:4D altos). Os resultados são consistentes com estudos anteriores, relatando uma relação negativa de 2D:4D com o tamanho do corpo e obesidade entre os homens (Fink et al., 2003; Frederick, 2010; Sim & Chun, 2015; Tester & Campbell, 2007). Os resultados indicam que as hormonas sexuais pré-natais podem pré-programar o desenvolvimento da saúde nos homens.

Não se verificou uma associação significativa entre os rácios dos dígitos das mulheres e qualquer uma das medidas relacionadas com a saúde. No entanto, num estudo anterior, verificámos que as mulheres com 2D:4Ds mais femininos tinham um IMC mais elevado do que as mulheres com 2D:4Ds mais masculinos (ver Figura 8, Sim & Chun, 2015), o que indica que a exposição a um nível elevado de estrogénio em relação à testosterona no útero pode predispor as mulheres à obesidade.

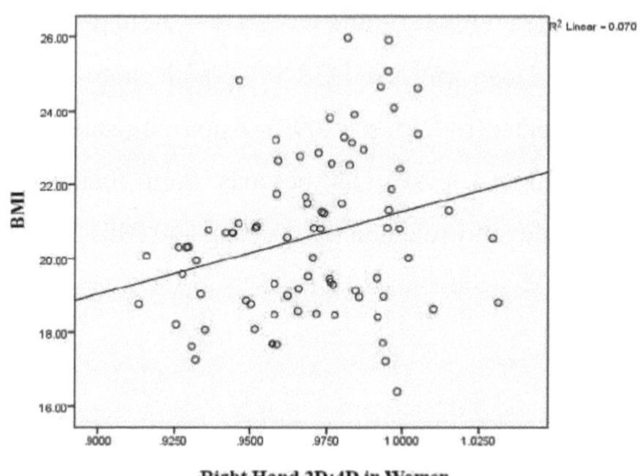

Figura 8. A relação entre 2D:4D e IMC entre estudantes universitárias (r = 0,26, p = 0,016, Sim & Chun, 2015).

Assimetria flutuante

Os homens com corpos mais simétricos avaliaram-se a si próprios como sendo mais saudáveis (r = -.21, p = .050) do que aqueles com corpos menos simétricos, o que é consistente com os resultados de Gangestad e Thornhill (1997). No entanto, não se registaram correlações significativas entre a AF e outras medidas relacionadas com a saúde.

No sexo feminino, não se registaram associações significativas entre a simetria corporal e qualquer uma das medidas relacionadas com a saúde, embora Milne et al.

(2003) tenham encontrado uma associação positiva entre a AF e o IMC.

Força de preensão manual

Os homens com pontuações mais elevadas de força de preensão eram mais altos (r = 0,33, p = 0,002) e consideravam-se mais saudáveis (r = 0,31, p = 0,003) do que aqueles com menor força de preensão. A associação entre a FGS e a saúde auto-relatada aumentou após o ajuste para a idade, altura e peso (r = 0,36, p = 0,001).

Para as mulheres, a relação entre a FGS e a saúde auto-referida mostrou uma tendência para a significância (r = .15, p = .090). Após o ajustamento para as variáveis de confusão (idade, altura e peso), as pessoas com maior força de preensão apresentaram melhor saúde auto-relatada (r = 0,19, p = 0,030).

Rácio perna/tronco

Tanto os homens como as mulheres com pernas mais compridas em relação ao comprimento do tronco eram mais altos (homens, r = .30, p = .005; mulheres, r = .32, p < .001). Os homens com pernas mais compridas também apresentavam um IMC mais baixo (r = -,27, p = 0,011), ao passo que as mulheres apresentavam uma associação negativa não significativa. Este facto é consistente com o resultado de Gunnell et al. (2003), que relataram uma associação negativa entre a RLT e o IMC em ambos os sexos.

Os resultados sobre a associação entre os indicadores de qualidade e as medidas relacionadas com a saúde indicam que os indicadores de qualidade utilizados no presente estudo demonstram, de um modo geral, a sua saúde atual e em desenvolvimento. Em consonância com estudos anteriores, os presentes resultados verificaram os indicadores de qualidade em relação às caraterísticas relacionadas com a saúde.

Tabela 2. Coeficientes de correlação de Pearson entre indicadores de qualidade e medidas de saúde.

		Quality Indicators				
	Health Measures	R2D:4D	L2D:4D	FA	HGS	LTR
Men	Height	**-.20**†	**-.19**†	.10	**.33****	**.30****
	Weight	.08	-.05	.04	**.29****	-.10
	BMI	.18	.04	-.01	.13	**-.27***
	Self-rated Health	-.10	-.15	**-.21***	**.31****	.06
Women	Height	.13	.06	-.07	**.36*****	**.32*****
	Weight	.04	-.01	-.17	**.47*****	.05
	BMI	-.02	-.03	-.15	**.32*****	-.10
	Self-rated Health	-.03	.08	.04	.15	.06

† ≤ .01, * p ≤ .05, ** p ≤ .01, *** p ≤ .001; all tests were 2-tailed; R2D:4D = Right hand 2D:4D; L2D:4D = Left hand 2D:4D; FA = Fluctuating Asymmetry; HGS = Handgrip Strength; LTR = Leg-to-Torso Ratio.

As relações entre os indicadores de qualidade

Para testar as relações entre os indicadores de qualidade, foram calculados os coeficientes de correlação de Pearson de ordem zero. Além disso, foram efectuadas correlações parciais para avaliar as associações entre os indicadores de qualidade após o ajustamento para variáveis de confusão para cada indicador de qualidade (ver Quadro 3).

Os homens com maior força de preensão tendem a ter menor 2D:4D e FA, embora as relações não sejam significativas. Este achado é consistente com um estudo anterior, que relatou 2D:4Ds mais masculinos no grupo de força de preensão alta em comparação com o grupo de força de preensão baixa (Fink, Thanzami, Seydel, & Manning, 2006).

Brown et al. (2008) referiram que os machos mais simétricos tinham pernas mais curtas em relação ao comprimento do tronco, enquanto as fêmeas apresentavam o padrão oposto: fêmeas mais simétricas com pernas relativamente longas. Na amostra atual, não se verificou uma relação significativa entre a RLT e a AF, quer nos homens quer nas mulheres. No entanto, as direcções das relações foram idênticas às de Brown et al. Estes resultados apoiam parcialmente a hipótese de que o comprimento relativo das pernas constitui um indicador da saúde do desenvolvimento (Gangestad & Scheyd, 2005; Gangestad & Simpson, 2000).

Não se verificaram associações estatisticamente significativas entre os indicadores de qualidade, exceto no que se refere à HGS e à FA no sexo feminino. As mulheres mais simétricas tinham uma força de preensão mais elevada ($r = -.17$, $p = .050$) do que as mulheres menos simétricas. No entanto, após ajustamento para variáveis de confusão (idade, altura e peso), a significância desapareceu ($r = -.13$, n.s.). As mulheres com pernas relativamente longas tendem a ter uma força de preensão mais elevada do que as mulheres com pernas relativamente mais curtas ($r = 0,18$, $p = 0,072$).

Tabela 3. Coeficientes de correlação de Pearson (coeficientes de correlação parcial) entre os indicadores de qualidade.

	R2D:4D	L2D:4D	FA	HGS	LTR
R2D:4D		**.77*** **	-.07	-.05	-.18
			(-.12^{d})	(-.12^{d})	(-.10^{d})
L2D:4D	**.72*** **		.02	-.10	-.08
			(-.03^{d})	(-.15^{d})	(-.01^{d})
FA	.03	.00		-.04	.04
	(.06^{d})	(.01^{d})		(-.14^{b})	(.11^{c})
HGS	.00	-.05	**-.17***		-.03
	(.02^{d})	(-.11^{d})	(-.13^{b})		(.02^{c})
LTR	-.03	.02	-.00	.10	
	(-.01^{d})	(.04^{d})	(-.06^{c})	**(.18^{†c})**	

t < .01, * p < .05, ** p < .01, *** p < .001; todos os testes foram bicaudais; A parte superior de uma diagonal corresponde aos coeficientes de correlação para o sexo masculino e a parte inferior para o sexo feminino; R2D:4D = Mão direita 2D:4D; L2D:4D = Mão esquerda 2D:4D; FA = Assimetria flutuante; HGS = Força de preensão manual; LTR = Relação perna/tronco.

a. correlações parciais após controlo da idade e da etnia;

b. correlações parciais após controlo da idade, altura e peso;

c. correlações parciais após controlo da etnia e do IMC;

d. correlações parciais após controlo da etnia e da lateralidade.

8. As relações entre a forma corporal típica do sexo e os indicadores de qualidade

Foram efectuadas correlações de Pearson de ordem zero e correlações parciais para testar as relações entre a forma corporal típica do sexo e os indicadores de qualidade (ver Quadro 4).

Rácio de dígitos

O presente estudo testou a seguinte hipótese: se as hormonas sexuais pré-natais têm um efeito organizador no desenvolvimento da forma do corpo e, assim, reflectem a saúde do desenvolvimento, os homens com corpos mais masculinos tenderão a ter menos 2D:4D do que aqueles com corpos mais femininos. Por outro lado, as mulheres com corpos mais femininos tenderão a ter maior 2D:4D do que aquelas com corpos mais masculinos.

Os dados correlacionais revelaram que o rácio 2D:4D para ambas as mãos não teve associação significativa com as medidas corporais em ambos os sexos. No entanto, após ajuste para etnia e lateralidade (factores associados à razão entre os dígitos), as mulheres com maior 2D:4D da mão direita apresentaram significativamente menor RCQ ($r_{partial} = -.21$, $p = .034$) e SHR ($r_{partial} = -.19$, $p = .050$). A mão direita 2D:4D e o componente de feminilidade corporal apresentaram uma tendência para a significância ($r_{partial} = .18$, $p = .074$). Estes resultados podem indicar que as mulheres expostas a níveis mais elevados de estrogénio do que de testosterona no útero têm maior probabilidade de desenvolver uma forma corporal feminina.

Os resultados são consistentes com os achados de Fink et al. (2003), que relataram uma associação negativa significativa entre 2D:4D da mão direita e esquerda, circunferência da cintura e relação cintura/quadril entre as mulheres. Outros estudos referem que as mulheres com RCQ masculina (elevada) tendem a ter mais filhos com baixos valores de 2D:4D, o que indica níveis uterinos mais elevados de testosterona do que de estrogénio (Manning et al., 1999; Singh & Zambarano, 1997).

No entanto, entre os homens não houve correlação significativa entre 2D:4D e medidas de forma corporal. Contrariamente aos presentes resultados, Fink et al. (2003) registaram uma associação entre a forma corporal e o 2D:4D entre estudantes universitários do sexo masculino. Os homens com 2D:4D da mão direita mais masculinizada tendiam a ter uma forma corporal mais masculinizada (RCQ elevada). Outro estudo mostrou uma relação negativa significativa entre o 2D:4D direito e a RCQ numa amostra combinada (Flegr, Hruskova, Hodny, Novotna, & Hanusova, 2005). Como evidência indireta, os homens com 2D:4D mais masculinizado tiveram melhor desempenho num teste de aptidão física, que está associado à masculinidade corporal (Honekopp et al., 2006; Honekopp, Bartholdt, Beier, & Liebert, 2007).

A falta de correlação entre 2D:4D e a masculinidade corporal pode indicar uma influência mais forte das hormonas da puberdade e de outros factores ambientais na masculinidade corporal masculina do que das hormonas sexuais pré-natais. Especificamente, é possível que a masculinidade corporal masculina esteja mais sob a influência da ação activadora das hormonas sexuais ou de outros factores ambientais (por exemplo, nutrição e exercício), em vez do efeito organizador das hormonas. Ou seja, as condições nutricionais ou o desenvolvimento muscular através do exercício podem afetar mais o desenvolvimento da masculinidade corporal nos homens. Para corroborar esta explicação, um estudo que investigou a influência genética e ambiental na forma do corpo registou efeitos ambientais maiores para os homens do que para as mulheres (Nelson et al., 1999).

No seu conjunto, a forma corporal típica do sexo parece refletir a influência hormonal pré-natal, com efeitos mais fortes nas mulheres do que nos homens. O presente estudo sugere que as hormonas sexuais pré-natais parecem ter um efeito organizador numa configuração corporal sexualmente dimórfica activada por volta da puberdade.

Assimetria flutuante

O presente estudo testou a seguinte hipótese: se a simetria corporal está geralmente associada a indicadores de aptidão física, como a saúde, a estabilidade do desenvolvimento, a qualidade genética e a fertilidade, então os indivíduos com formas corporais típicas do sexo terão uma AF mais baixa.

Os dados correlacionais revelaram que os homens mais simétricos tendem a ter corpos mais masculinos (componente de masculinidade corporal, $r = -.18$, $p = .088$; RCQ, $r = -.18$, $p = .098$). No entanto, não se registaram associações significativas entre as mulheres. Após o ajuste para idade e etnia, a AF teve uma associação negativa significativa com o componente de masculinidade corporal nos homens ($r_{parcial} = -{,}21$, $p = 0{,}050$), mas ainda não houve associações significativas nas mulheres. Este resultado indica que os homens que são resistentes ao stress genético e ambiental têm maior probabilidade de desenvolver corpos masculinos. Estes resultados implicam que a AF parece ser um indicador fiável da qualidade masculina, em vez da qualidade feminina.

Força de preensão manual

O presente estudo testou a seguinte hipótese: se a FPS sinaliza a masculinidade geral e a força física, a forma corporal masculina em ambos os sexos estará positivamente relacionada com a FPS.

O resultado revelou que a HGS dos homens teve associações marginalmente significativas ou significativas com o componente de masculinidade corporal ($r = .20$, $p = .056$) e SHR ($r = .22$, $p = .041$), mas não com WHR ($r = -.05$, n.s.). A força dessa associação aumentou na correlação parcial, que ajustou para idade, altura e peso: componente de masculinidade corporal ($r_{parcial} = 0{,}25$, $p = 0{,}022$) e SHR ($r_{parcial} = 0{,}30$, p = 0,005) entre homens e SHR ($r_{parcial}$ = .22, p = .026) entre as mulheres. Estes resultados confirmaram a hipótese de que o HGS sinaliza a masculinidade corporal em ambos os sexos.

Rácio perna/tronco

O presente estudo testou a seguinte hipótese: se as pernas relativamente longas indicarem uma melhor saúde de desenvolvimento e estiverem relacionadas com a perceção de atratividade, os homens com corpos mais masculinos e as mulheres com corpos mais femininos terão uma maior RLT do que os seus homólogos do mesmo sexo.

Não foram encontradas associações significativas entre as formas corporais típicas do sexo e a RLT em ambos os sexos. Alguns investigadores afirmam que a gordura influencia o comprimento das pernas, uma vez que a gordura nas ancas e nas coxas aumenta a altura sentada (Bogin & Varela-Silva, 2008). Na amostra atual, a RLT teve uma associação negativa com o IMC (homens, r = -.27, p = .011; mulheres, r = -.10, n.s.). Assim, o IMC foi controlado. Após o controle para etnia e IMC, os mesmos padrões foram encontrados em ambos os sexos, com exceção da associação com a RCQ feminina, que apresentou uma tendência à significância ($_{rparcial}$ = 0,17, p = 0,083). Ou seja, mulheres com corpos mais femininos tendem a ter pernas mais curtas em relação ao tronco do que aquelas com corpos menos femininos.

Table 4. Coeficientes de Correlação de Pearson (Coeficientes de Correlação Parcial) entre as formas do corpo e os indicadores de qualidade.

	Men			Women		
Quality Indicators	Body Masculinity	WHR	SHR	Body Femininity	WHR	SHR
Right 2D:4D	-.07	.07	-.09	.09	-.08	**-.17†**
	(-.10^{a})	(.03^{a})	(-.08^{a})	**(.18$^{\dagger a}$)**	**(-.21^{*a})**	**(-.19^{*a})**
Left 2D:4D	.01	.11	-.04	-.02	.03	-.02
	(-.01^{a})	(.10^{a})	(-.03^{a})	(.04^{a})	(-.05^{a})	(-.05^{a})
FA	**-.18†**	**-.18†**	-.15	.04	-.05	.10
	(-.21^{*b})	(-.17^{b})	(-.14^{b})	(.00^{b})	(.03^{b})	(.07^{b})
HGS	**.20†**	-.05	**.22***	-.01	-.01	.01
	(.25^{*c})	(-.03^{c})	**(.30^{**c})**	(.04^{c})	(-.01^{c})	**(.22^{*c})**
LTR	.02	-.10	.10	-.06	.07	.06
	(.06^{d})	(.00^{d})	(.11^{d})	(-.15^{d})	**(.17$^{\dagger d}$)**	(.08^{d})

t < .01, *p< .05, **p< .01, *** p < .001; todos os testes foram bicaudais; RCQ = Relação cintura-quadril; RCS = Relação ombro-quadril; AF = Assimetria flutuante; FPM = Força de preensão manual; RLT = Relação perna-torso.

a. correlações parciais após controlo da etnia e da lateralidade.

b. correlações parciais após controlo da idade e da etnia;

c. correlações parciais após controlo da idade, altura e peso;

d. correlações parciais após controlo da etnia e do IMC;

9. Que indicadores de qualidade são melhores para prever a forma corporal típica do sexo?

Foram efectuadas análises de regressão múltipla hierárquica separadas para testar que indicadores de qualidade são melhores para prever as formas do corpo. As variáveis de confusão foram introduzidas primeiro, seguidas da AF, HGS, mão direita 2D:4D e LTR no segundo passo e depois da interação da AF com HGS, mão direita 2D:4D e LTR no terceiro passo. Todas as variáveis foram padronizadas (transformação do escore z) dentro das subamostras de homens e mulheres para reduzir possíveis problemas de multicolinearidade ao adicionar interações entre variáveis.

Homens

Os quatro indicadores de qualidade em conjunto foram responsáveis por 17% da variação no componente de masculinidade corporal após o ajuste para variáveis de confusão. Entre os indicadores de qualidade, a AF foi o principal fator de previsão da masculinidade do corpo masculino (componente de masculinidade corporal, P = -.256, p = .013; RCQ, p = -.263, p = .007), representando cerca de 6% da variação (ver Tabela 5). O HGS também foi um preditor significativo de corpos masculinos (componente de masculinidade corporal, P = 0,193, p = 0,041; SHR, p = 0,268, p = 0,008). Nem o 2D:4D nem o LTR tiveram efeitos preditivos sobre a masculinidade corporal. No entanto, o efeito do 2D:4D da mão direita na masculinidade corporal dependia dos níveis de AF (ver Figura 9).

Para investigar a interação entre 2D:4D e AF, foi realizado um teste post hoc utilizando a análise de declives simples (Aiken & West, 1991). A um nível baixo de AF, a masculinidade do corpo masculino diminuiu com o aumento do 2D:4D da mão direita (t = -2,220, p = 0,029), enquanto que foi observado um efeito positivo não significativo a um nível elevado de AF (t = 0,749, n.s.).

Table 5. Análises de regressão múltipla hierárquica com formas corporais como variáveis dependentes e indicadores de qualidade como variáveis independentes, após controlo da etnia, do rendimento familiar e do IMC no sexo masculino.

		Body masculinity		WHR		SHR	
	Predictor	β	sr^2	β	sr^2	β	sr^2
Step 1	White	.059	.002	-.047	.001	.054	.002
	Black	-.135	.011	-.082	.004	-.017	.000
	Income	-.187	.032	-.137	.017	-.220	.044
	BMI			**.465*****	**.212**	**-.260***	**.066**
Step 2	FA	**-.256***	**.056**	**-.263****	**.059**	-.127	.014
	HGS	**.193***	**.034**	-.079	.006	**.268****	**.065**
	R2D:4D	-.138	.017	-.151	.019	.008	.000
	LTR	.124	.014	.160	.020	.028	.001
Step 3	HGS*FA	-.100	.008	-.105	.009	-.023	.000
	R2D4D*FA	**.234***	**.042**	**.283****	**.057**	.158	.018
	LTR*FA	-.086	.007	-.028	.001	-.130	.015
		F(10, 74)	**2.024***	F(11, 73)	**3.952*****		**1.997***
		R^2	.215		.373		.231

* p ≤ .05, ** p ≤ .01, *** p ≤ .001; sr^2 (incremental) = squared semi-partial correlation coefficient.

Mulheres

Como se pode ver na Tabela 6, o IMC e o rendimento familiar tiveram efeitos únicos significativos na feminilidade corporal, representando 7,4% e 4,7% da variância, respetivamente. A feminilidade corporal diminuiu com o IMC e aumentou com o rendimento familiar. Após o controlo destas variáveis e da etnia, nenhum dos indicadores de qualidade previu a componente da feminilidade corporal. Os quatro indicadores de qualidade em conjunto foram responsáveis por uma pequena quantidade de variação (3,3%) na feminilidade corporal.

No entanto, os resultados foram diferentes para a RCQ e a RCE. Entre os indicadores de qualidade, o 2D:4D da mão direita foi o principal fator de previsão da SHR, representando cerca de 5,4% da variância. As mulheres com padrões de dígitos masculinos (2D:4D da mão direita baixo) apresentavam corpos mais masculinos (SHR elevado, p = -.242, p = .005). O HGS feminino também foi um preditor significativo de SHR (p = .171, p = .037). As mulheres com maior força de preensão apresentaram uma forma corporal mais masculina (SHR elevada) do que aquelas com menor HGS. Relativamente à RCQ, as mulheres com RCQ baixa tinham maior probabilidade de ter pernas mais curtas em relação ao comprimento do tronco (p = 0,217, p = 0,011).

Table 6. Análises de regressão múltipla hierárquica com formas corporais como variáveis dependentes e indicadores de qualidade como variáveis independentes, após controlo da etnia, do rendimento familiar e do IMC nas mulheres.

		Body femininity		WHR		SHR	
	Predictor	β	sr^2	β	sr^2	β	sr^2
Step 1	White	.014	.000	-.042	.001	-.125	.008
	Black	.085	.004	-.206	.022	-.095	.005
	Hispanic	-.041	.001	-.064	.002	-.169	.019
	Income	**.225***	**.047**	-.161	.024	-.135	.016
	BMI	**-.284****	**.074**	**.244****	**.055**	**-.463*****	**.200**
Step 2	FA	.027	.001	-.049	.002	.073	.005
	HGS	.116	.011	-.127	.014	**.171***	**.025**
	R2D:4D	.087	.007	-.118	.013	**-.242****	**.054**
	LTR	-.151	.019	**.217***	**.039**	.040	.001
F(9, 119)			**2.438***		**2.231***		**4.747*****
R^2			.156		.144		.324

* p ≤ .05, ** p ≤ .01, *** p ≤ .001; sr^2 (incremental) = squared semi-partial correlation coefficient.

O efeito de interação da AF e do 2D:4D na forma do corpo masculino

O efeito de interação entre o 2D:4D da mão direita e a AF na masculinidade corporal masculina é uma descoberta particularmente interessante, que provavelmente permite obter informações sobre uma caraterística de desvantagem. Os 2D:4D da mão direita dos homens, por si só, não tiveram qualquer efeito preditivo na masculinidade corporal. No entanto, os seus efeitos na masculinidade corporal dependeram dos níveis de AF. A um nível baixo de AF, os homens com rácios de dígitos masculinos (2D:4Ds da mão direita baixos) apresentaram maior masculinidade corporal, mas menor masculinidade corporal a um nível elevado de AF. Esta constatação pode indicar que um nível elevado de testosterona pré-natal (indexado por 2D:4D baixos) em níveis elevados de AF pode impor custos elevados à manutenção da forma corporal masculina entre os machos, uma vez que uma AF mais elevada indica uma carga patogénica mais elevada e condições ambientais mais difíceis durante o desenvolvimento.

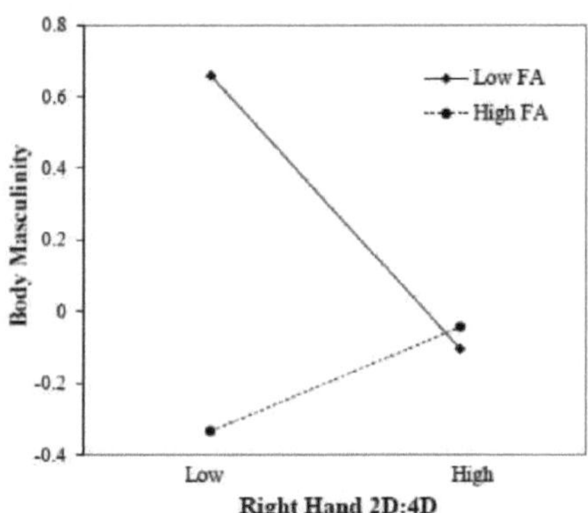

Figura 9. O efeito de interação entre 2D:4D da mão direita e AF na previsão da masculinidade corporal nos homens.

Uma explicação plausível para este facto é que os indivíduos do sexo masculino que são capazes de lidar com um elevado nível de testosterona pré-natal, devido à sua posse de bons genes (conforme indexado por uma baixa AF), podem ser capazes de desenvolver simultaneamente uma masculinidade corporal grande e simétrica por volta da puberdade (Folstad & Karter, 1992; Zuk, Johnsen, & Maclarty, 1995). Por outro lado, os indivíduos do sexo masculino que têm uma baixa capacidade de amortecimento para lidar com o stress pré-natal elevado de testosterona podem não conseguir desenvolver corpos masculinos grandes e simétricos.

Existem provas substanciais que sugerem que a exposição pré-natal ao excesso de testosterona pode ser um possível indicador de uma quebra da homeostase do desenvolvimento, indicando que um nível elevado de testosterona pré-natal é um possível stress ambiental no útero (Geschwind & Galaburda, 1985; Manikkam et al, 2004; Moller & Swaddle, 1997; Padmanabhan, Manikkam, Recabarren, & Foster, 2006; Palmer & Strobeck, 1986; Parson, 1990; Thronhill & Gangestad, 1993; Van Valen, 1962).

Em primeiro lugar, o excesso de exposição pré-natal à testosterona (tal como indicado pela testosterona amniótica) leva a que os homens sejam mais vulneráveis a perturbações do desenvolvimento, incluindo o autismo e a perturbação de défice de atenção/hiperatividade (Auyeung et al., 2009; de Bruin, Verheij, Wiegman, & Ferdinand, 2006; Martel, Gobrogge, Breedlove, & Nigg, 2008). Os mesmos resultados foram encontrados numa série de estudos 2D:4D. As crianças autistas e os rapazes com perturbação de défice de atenção/hiperatividade tendem a apresentar valores mais baixos de 2D:4D (um biomarcador substituto de testosterona pré-natal elevada) do que os controlos saudáveis (McFadden, Westhafer, Pasanen, Carlson, & Tucker, 2005; Milne et al., 2006; Noipayak, 2009). Os estudantes universitários do sexo feminino com pontuações mais elevadas de défice de atenção/hiperatividade tendem a ter uma mão esquerda 2D:4D mais baixa (Stevenson et al., 2007). Além disso, estes indivíduos têm maior probabilidade de apresentar disfunção do sistema hipotálamo-hipófise-adrenocortical (HPA), que regula a quantidade de cortisol em resposta ao stress (Corbett, Mendoza, Abdullah, Wegelin, & Levine, 2006; King, Barkley, & Barrett, 1998). Os resultados implicam que a exposição ao excesso de testosterona no útero pode ter efeitos deletérios e, possivelmente, ser uma causa do aumento da AF.

Em segundo lugar, as crianças autistas tendem a ter uma AF elevada, em comparação com os controlos saudáveis (Kowner, 2001). A AF elevada reflecte a menor capacidade de amortecimento dos indivíduos contra insultos ambientais, a qualidade genética e fenotípica e a imunocompetência (Moller & Swaddle, 1997; Thornhill, & Gangestad, 1994). Como prova de apoio, a AF está positivamente associada a uma série de anomalias cromossómicas e doenças genéticas (por exemplo, esquizofrenia, atraso mental, síndromes de Down, etc.) (Livshits & Kobyliansky, 1991). Assim, estas descobertas implicam que os indivíduos com baixa capacidade de amortecimento são mais vulneráveis aos efeitos adversos de um nível elevado de testosterona pré-natal.

Parece que os homens podem desenvolver diferentes níveis de masculinidade corporal, apesar de estarem expostos a um nível semelhante de testosterona pré-natal. É possível que isso se deva às variações herdadas na qualidade dos genes ou do sistema imunitário. O facto de os homens expostos a um excesso de testosterona no útero desenvolverem corpos masculinos mais simétricos pode indicar que o baixo nível de AF pode indicar que possuem genes superiores, de modo a serem mais resistentes ao stress ambiental precoce induzido por um nível elevado de testosterona pré-natal, levando-os a desenvolver simultaneamente corpos masculinos grandes e simétricos por volta da puberdade.

Um estudo efectuado por Flegr et al. (2005) vem apoiar ainda mais esta conclusão. Este estudo concluiu que os homens adultos infectados com Toxoplasma gondi apresentavam 2D:4D na mão esquerda mais baixos do que os homens não infectados, ao passo que, entre os homens não infectados, aqueles com 2D:4D baixos apresentavam um número significativamente maior de anticorpos anti-Toxoplasma do que aqueles com 2D:4D elevados. Esta descoberta implica que alguns machos expostos a um excesso de testosterona pré-natal podem adaptar uma imunidade mais baixa contra a infeção por Toxoplasma, porque são incapazes de lidar com a testosterona elevada no útero, resultando numa elevada frequência de infeção mais tarde na vida. No entanto, outros homens que se encontravam numa condição hormonal pré-natal semelhante são mais resistentes à infeção pelo agente patogénico, provavelmente devido a um bom sistema imunitário herdado; assim, têm mais anticorpos e menos infecções durante a idade adulta.

A presente descoberta pode apoiar a teoria do handicap e a hipótese do handicap da imunocompetência (Folstad & Karter, 1992; Hamilton & Zuk, 1982; Zahavi, 1975). Especificamente, apenas os indivíduos do sexo masculino que têm capacidade para lidar com a exposição pré-natal ao excesso de testosterona podem desenvolver corpos masculinos grandes com boa saúde de desenvolvimento na puberdade. Esta descoberta também pode fornecer alguma explicação para os resultados discrepantes nos estudos que relatam as relações entre os rácios de dígitos e a destreza atlética, aptidão física, força muscular, perceção de atratividade e potencial reprodutivo (por exemplo, número de espermatozóides e motilidade), (por exemplo, número de espermatozóides e motilidade) entre os homens (Honekopp et al., 2006; Honekopp & Schuster, 2010; Manning et al., 1998; Manning et al., 2000; Manning & Fink, 2008; Neave et al., 2003; Rahman et al., 2005; Roney & Maestripieri, 2004).

A descoberta do efeito combinado da AF e da mão direita 2D:4D sugere que a forma do corpo masculino pode demonstrar a capacidade de amortecimento de um efeito nocivo do excesso de testosterona pré-natal durante a vida fetal. Sugiro também que a intensidade óptima dos corpos masculinos dos homens pode assinalar a combinação óptima de múltiplos indicadores de qualidade. Esta é a primeira descoberta que mostra o efeito de interação entre o rácio de dígitos e a AF na masculinidade do corpo masculino. Por conseguinte, é necessária mais investigação para verificar este resultado.

Os efeitos preditivos da força de preensão manual na forma corporal típica do sexo

Poucos estudos empíricos relataram a força de preensão palmar feminina em relação à forma corporal. Gallup et al. (2007) encontraram uma associação significativa entre a RCQ e a FPM entre estudantes universitários do sexo masculino, enquanto não foi encontrada uma associação significativa entre a RCQ e a FPM entre as mulheres. Esses achados são consistentes com os do presente estudo. No estudo desses autores, a RCE foi medida apenas nos homens e a RCQ apenas nas mulheres. No presente estudo, tanto os homens quanto as mulheres forneceram tanto a SHR quanto a WHR. O resultado da HGS em relação à SHR nas mulheres revelou que aquelas com SHR mais masculina (alta) tinham maior força de preensão do que aquelas com SHR mais feminina (baixa). Este resultado indica que a HGS feminina prediz a masculinidade do seu corpo, o que possivelmente impõe custos no seu processo de desenvolvimento.

No entanto, os dados de correlação indicam que as mulheres com elevada força de preensão tendem a ter corpos mais simétricos e melhor saúde auto-relatada, consistentemente com estudos anteriores que examinaram a associação entre HGS e medidas de saúde (Kritz-Silverstein & Barrett-Connor, 1994; Rantanen et al., 2000; Smith et al., 2005).

Esta constatação é intrigante porque as mulheres com elevada força de preensão têm maior probabilidade de ter corpos simétricos e boa saúde, enquanto a força de preensão aumenta com a masculinidade do corpo (Fink et al., 2003; Kritz-Silverstein & Barrett-Connor, 1994; Manning, 2002; Smith et al., 2005). Cashdan (2008) propôs uma possível explicação para este fenómeno, sugerindo a existência de uma relação de compromisso entre as caraterísticas dependentes da testosterona e do estrogénio. Possivelmente, tanto a SHR masculina como a HGS, indicações de testosterona elevada e masculinidade geral, podem ser benéficas na competição por recursos, mas impõem custos à fertilidade entre as fêmeas.

Um estudo efectuado por Dijkstra e Buunk (2001), que demonstrou que as mulheres com SHR masculina eram consideradas mais dominantes a nível físico e social, vem apoiar esta explicação. Vários outros estudos demonstraram que as mulheres com níveis elevados de testosterona são provavelmente mais independentes, robustas, seguras de si, impulsivas, competitivas e dominantes (Bateup, Booth, Shirtcliff, & Granger, 2002; Baucom, Besch, & Callahan, 1985; Cashdan, 1995; Grant & France, 2001).

Da mesma forma, a força de preensão palmar feminina também pode estar associada à dominância, tal como verificado em amostras masculinas, embora não exista evidência empírica da HGS feminina em relação à competitividade em participantes da mesma faixa etária da presente amostra (Gallup et al., 2007; Gallup, O'Brien, White, & Wilson, 2010). Assim, as mulheres com SHR mais masculinos, com elevada força de preensão palmar, poderão ter vantagem na competição de status. Um outro estudo realizado por Cashdan (2008) sugere que as mulheres com uma forma corporal mais masculina (elevada RCQ) podem sinalizar a sua capacidade de obter recursos escassos e estatuto num ambiente duro e stressante. Em consonância com esta posição, proponho também que a SHR e a HGS elevadas entre as mulheres podem ser vantajosas para a aquisição de estatuto e para um melhor ajustamento numa sociedade contemporânea diversificada e em rápida mudança, uma fonte de stress.

Os efeitos preditivos do rácio perna-torso na forma corporal típica do sexo

Um resultado inesperado foi encontrado no comprimento relativo das pernas entre as mulheres. As mulheres com corpos mais femininos (baixa RCQ) tendem a ter pernas mais curtas em relação ao comprimento do tronco, enquanto os homens com corpos mais masculinos tendem a ter pernas relativamente longas. Além disso, o comprimento das pernas femininas aumentou com a força de preensão, uma indicação de masculinidade geral e força física. Estas conclusões implicam um dimorfismo sexual da RLT: maior RLT para a masculinidade e menor RLT para a feminilidade, uma conclusão consistente com as de Dangour et al. (2002) e Sorokowski e Pawlowski (2008).

Possivelmente, as mulheres com formas corporais mais femininas investem mais recursos em partes do corpo relacionadas com a reprodução (seios, nádegas e coxas), o que resulta em pernas mais curtas em relação ao tronco. A associação entre o LTR e o comportamento sexual apoia esta explicação: as mulheres com pernas relativamente mais curtas tiveram a primeira experiência sexual mais cedo do que as que tinham pernas relativamente longas, mas o mesmo não aconteceu com os homens. Esta descoberta implica que o LTR pode desempenhar um papel no potencial reprodutivo das fêmeas. Isto porque um início precoce da atividade sexual, que está associado ao primeiro nascimento, pode aumentar o sucesso do acasalamento ao longo da vida entre as fêmeas (Belsky, Steinberg, Houts, & Halpern-Felsher, 2010; Ellis, Figueredo, Brumbach, & Schlomer, 2009; Rhodes, Simmons, & Peters, 2005).

No entanto, os estudos que examinaram a associação entre o RLT e a perceção da atratividade revelaram resultados inconsistentes (Smith et al., 2001; Swami et al., 2006). Por conseguinte, os resultados da relação entre a LTR, a forma do corpo, o comportamento sexual e a perceção da atratividade não só não são claros como também são insuficientes. São necessárias mais investigações para clarificar os resultados do LTR.

10. As relações entre a forma corporal típica do sexo e a qualidade Indicadores do comportamento sexual

Para avaliar os comportamentos sexuais em relação às formas do corpo e aos indicadores de qualidade, foram efectuadas correlações parciais e de ordem zero de Pearson. Os coeficientes de correlação parcial foram calculados após ajuste para variáveis de confusão: idade, etnia, rendimento familiar, IMC e orientação sexual para o número de parceiros sexuais e etnia para a idade da primeira relação sexual. A idade da primeira relação sexual e o número de parceiros sexuais estavam fortemente correlacionados tanto para os homens ($r = -,44$, $p < .001$) como para as mulheres ($r = -,46$, $p < .001$).

Adicionalmente, foi efectuada uma análise de covariância unidirecional para testar as diferenças médias entre os grupos nos comportamentos sexuais, seguida de testes de Bonferoni. Os participantes foram divididos em 3 grupos (baixo vs. moderado vs. alto) com base na distribuição do componente de masculinidade corporal nos homens e de feminilidade nas mulheres. Foram efectuadas análises separadas para cada variável dependente após ajustamento para variáveis de confusão para a variável dependente.

Forma corporal típica do sexo

Os homens com corpos mais masculinos tinham mais parceiros sexuais (componente de masculinidade corporal, $r = 0,23$, $p = 0,019$; RCQ, $r = 0,24$, $p = 0,016$; SHR, $r = 0,18$, $p = 0,053$) e tendiam a ter um início precoce das relações sexuais.

Para os homens, o número de parceiros sexuais [$F(2, 77) = 4,909$, $p = 010$] apresentou diferenças médias significativas entre os grupos após ajuste para idade, etnia, renda familiar e orientação sexual. Os homens com alta ($M = 1,3$, $p = 0,039$) e moderada masculinidade corporal ($M = 1,3$, $p = 0,024$) tiveram mais parceiros sexuais em comparação com aqueles com baixa masculinidade corporal ($M = 0,8$). Não foram encontradas diferenças significativas entre os grupos do sexo feminino.

Indicadores de qualidade

Entre os indicadores de qualidade, os homens mais simétricos tiveram uma experiência sexual mais precoce do que os homens menos simétricos (r = .21, p = .044), o que é consistente com os resultados anteriores (Thornhill & Gangestad, 1994).

Entre as mulheres, as que tinham pernas mais curtas em relação ao tronco (r = 0,26, p = 0,011) ou as que tinham uma mão esquerda 2D:4D mais feminina (r = -,17, n.s.) tendiam a ter um início precoce da experiência sexual. A associação entre os rácios de dígitos feminizados e a idade da primeira relação sexual pode implicar uma relação entre os níveis pré-natais de hormonas sexuais e a maturidade sexual. Possivelmente, as mulheres expostas a níveis mais elevados de estrogénio pré-natal podem amadurecer mais cedo do que as expostas a níveis relativamente mais baixos de estrogénio. Os presentes resultados são paralelos aos relatados por Clark (2004), que demonstrou que a razão direita masculina 2D:4D nas mulheres estava significativamente associada a um comportamento sexual semelhante ao masculino, como o envolvimento mais frequente em sexo casual e sem compromisso.

No presente estudo, os 2D:4Ds dos homens não estavam relacionados com o comportamento sexual. No entanto, estudos anteriores encontraram associações, embora houvesse resultados contraditórios entre os estudos. Alguns estudos referem uma associação positiva significativa entre a 2D:4D direita masculina e o número de parceiros sexuais, ao passo que outros estudos não encontraram tais correlações (Honekopp et al., 2006; Putz, Gaulin, Sporter, McBurney, 2004; Rahman et al., 2005). No entanto, outros estudos concluíram que o 2D:4D masculino está positivamente associado à perceção de atratividade e a medidas fisiológicas de fertilidade (por exemplo, número de espermatozóides e níveis de testosterona) entre os homens (Manning et. al., 2000; Manning et al., 1998).

Considerado em conjunto com os presentes resultados, parece que as hormonas sexuais pré-natais podem organizar os comportamentos reprodutivos de ambos os sexos. No entanto, ainda é muito cedo para concluir que as hormonas pré-natais influenciam os comportamentos sexuais dos adultos, porque todos os estudos utilizaram uma medida aproximada dos níveis hormonais pré-natais (2D:4D), sendo difícil medir diretamente as hormonas pré-natais.

Ao contrário do que se previa, não se registaram relações significativas entre a HGS e os comportamentos sexuais em nenhum dos sexos. Este resultado parece surpreendente porque os dois estudos anteriores encontraram fortes associações nos homens, mas não nas mulheres (Gallup et al., 2007; Shoup & Gallup, 2008). Pode haver várias possibilidades. Em primeiro lugar, as nossas amostras de homens tinham, em média, um número de parceiros sexuais inferior ao dos outros estudos. Uma possível razão para o baixo valor médio na nossa amostra é o facto de cerca de 20% dos homens não terem relatado qualquer experiência sexual. Em segundo lugar, utilizámos os valores máximos de HGS das mãos dominantes, como para considerar a lateralidade, ao passo que estudos anteriores utilizaram os valores máximos de HGS da esquerda e da direita para correlações separadas. Estes factores podem obscurecer a associação entre a HGS e os comportamentos sexuais.

Conclusão

O presente estudo acrescenta a uma quantidade substancial de provas de ligações importantes entre a forma corporal típica do sexo e os indicadores de qualidade. Para além de relatar várias relações entre a forma corporal típica do sexo e os indicadores de qualidade, este estudo relata uma nova relação entre 2D:4D e a masculinidade do corpo masculino.

Todos os indicadores de qualidade apresentaram uma relação significativa ou marginalmente significativa com a masculinidade do corpo masculino na direção esperada. Especificamente, os homens com corpos mais masculinos tinham corpos mais simétricos e maior força de preensão e tendiam a ter rácios de dígitos mais masculinos e pernas mais longas em relação ao tronco. O conjunto dos quatro indicadores de qualidade foi responsável por 17% da variação da componente masculinidade do corpo. Entre eles, a AF para a componente de masculinidade corporal e a RCQ ou a HGS para a SHR foram os principais factores de previsão da masculinidade corporal masculina, representando cerca de 6% e 6,5% da variação, respetivamente.

Entre as mulheres, os indicadores de qualidade em conjunto foram responsáveis por uma pequena quantidade de variação nos corpos femininos. As mulheres com corpos mais femininos apresentavam uma força de preensão mais baixa, uma proporção 2D:4D mais masculina e pernas mais curtas em relação ao tronco. Estes resultados indicam que a forma corporal típica do sexo transmite informações sobre os níveis hormonais reprodutivos, a força física geral e a saúde do desenvolvimento.

Relativamente aos comportamentos sexuais, os homens com corpos mais masculinos apresentaram mais parceiros sexuais do que aqueles com corpos menos masculinos, enquanto este efeito não foi observado nas mulheres. Estes resultados apoiam a hipótese evolutiva de que a forma corporal típica do sexo é um sinal fiável de saúde e fertilidade e uma consequência da seleção sexual baseada na qualidade genética e fenotípica.

No presente estudo, para além dos componentes corporais (pontuações combinadas dos factores das formas corporais superiores e inferiores), foram também incluídas as duas medidas objectivas das formas corporais (RCQ e RCS) para examinar as relações com os indicadores de qualidade. Parece que os componentes corporais, a RCQ e a RCS, até certo ponto, dão sinais diferentes sobre os indicadores de qualidade.

Especificamente, o HGS foi um forte preditor da SHR, mas sem contribuição única para a WHR em ambos os sexos. O indicador 2D:4D teve uma relação significativa com a SHR, mas não com a componente de feminilidade do corpo e a RCQ entre as mulheres. Os rácios dos dígitos dos homens não tiveram um efeito preditivo significativo nas formas corporais. No entanto, o rácio 2D:4D da mão direita teve um efeito preditivo na componente masculinidade do corpo e na RCQ em interação com a AF, mas não para a SHR. No que diz respeito à AF, ela foi o preditor mais forte da RCQ e do componente de masculinidade corporal entre os homens, mas não da SHR. A RLT teve um efeito preditivo significativo apenas na RCQ entre as mulheres.

Parece que a SHR fornece mais informações sobre a masculinidade geral e a força física em ambos os sexos, bem como sobre o ambiente hormonal pré-natal nas mulheres. Os componentes corporais e a RCQ fornecem uma melhor perspetiva da saúde no desenvolvimento, incluindo a resistência a doenças e o estado nutricional, em ambos os sexos. Os dados sugerem que um estudo que envolva mais do que uma forma corporal pode proporcionar uma melhor compreensão da forma corporal típica do sexo.

No seu conjunto, a masculinidade do corpo masculino parece ser um sinal honesto de qualidade, previsto por uma baixa AF (qualidade genética), uma elevada HGS (força física) e uma interação entre o rácio de dígitos e a AF (resistência ao stress ambiental precoce). Além disso, parece estar ligada ao sucesso reprodutivo, tal como a experiência sexual mais precoce e o maior número de parceiros sexuais. A feminilidade do corpo feminino demonstrou estar fracamente relacionada com os indicadores de qualidade. No entanto, a feminilidade do corpo feminino e a idade da primeira relação sexual parecem ser influenciadas pelas hormonas reprodutivas pré-natais.

Referências

Aiken, L. S., & West, S. G. (1991). *Regressão múltipla: Testing and interpreting interactions*. Newbury Park, CA: Sage.

Ali, N. A., O'Brien, J. M., Hoffmann, S. P., Phillips, G., Garland, A., Finley, J. C. W., ... Marsh, C. B. (2008). Acquired weakness, handgrip strength, and mortality in critically ill patients (Fraqueza adquirida, força de preensão manual e mortalidade em pacientes críticos). *American Journal of Respiratory and Critical Care Medicine, 178,* 261-268.

Anderson, M. (1994). *Sexual Selection*. Princeton: Princeton University Press.

Ashwell, M., Cole, T. j., & Dixson, A. K. (1985). Obesity: New insight into the anthropometric classification of fat distribution shown by computed tomography. *British Medical Journal, 290,* 1692-1694.

Auyeung, B., Baron-Cohen, S., Ashwin, E., Knickmeyer, R., Taylor, K., & Hackett, G. (2009). Testosterona fetal e traços autistas. *British Journal of Psychology, 100,* 1-22.

Bailey, A. A., & Hurd, P. L. (2005). A depressão nos homens está associada a rácios de comprimento dos dedos mais femininos. *Personality and Individual Differences*, *39*, 829836.

Barber, N. (1995). The evolutionary psychology of physical attractiveness: Seleção sexual e morfologia humana. *Ethology and Sociobiology, 16,* 395-424.

Barker, D. J. & Sultan, H. Y. (1995). Programação fetal da doença humana. *Fetus and Neonate. Physiology and Clinical Applications, 3*, 255-276.

Bateup, H. S., Booth, A., Shirtcliff, E. A., & Granger, D. A. (2002). Testosterona, cortisol e competição feminina. *Evolution and Human Behavior, 23,* 181192.

Baucom, D. H., Besch, P. K., & Callahan, S. (1985). Relação entre a concentração de testosterona, a identidade do papel sexual e a personalidade entre as mulheres. *Journal of Personality and Social Psychology, 48,* 1218-1226.

Belsky, J., Steinberg, L., Houts, R. M., & Halpern-Felsher, B. L. (2010). O desenvolvimento da estratégia reprodutiva nas mulheres: Dureza materna precoce^ menarca precoce^ aumento da tomada de risco sexual. *Developmental Psychology, 46,* 120-128.

Berenbaum, S. A., Bryk, K. K., Nowak, N., Quigley, C. A., & Moffat, S. (2009). Fingers as a marker of prenatal androgen exposure. *Endocrinology, 150,* 51195124.

Bjorntorp, P. (1987). Fat cell distribution and metabolism. Em R. J. Wurtman & J. J. Wurtman (Eds.), *Human Obesity* (pp. 66-72). New York: Academia de Ciências de Nova Iorque.

Bjorntorp, P. (1988). The Associations between Obesity, Adipose Tissue Distribution and Disease (Associações entre Obesidade, Distribuição do Tecido Adiposo e Doença). *Ata Medica Scandinavica, (suppl 723),* 121-134.

Blouin, K., Boivin, A., & Tchernof, A. (2008). Androgénios e distribuição da gordura corporal. *The Journal of Steroid Biochemistry and Molecular Biology*, *108*, 272-280.

Bogin, B., & Varela-Silva, M. I. (2008). A gordura enviesa a utilização do comprimento estimado da perna como marcador epidemiológico para adultos na amostra NHANES III. *International Journal of Epidemiology, 37*, 201-209.

Brown, J. L. (1997). A theory of mate choice based on heterozygosity. *Behavioral Ecology, 8,* 60-65.

Brown, W. M., Hines, M., Fane, B. A., & Breedlove, S. M. (2002). Padrões masculinizados de comprimento dos dedos em homens e mulheres humanos com hiperplasia adrenal congénita. *Hormones and Behavior, 42,* 380-386.

Brown, W. M., Price, M. E., Kang, J., Pound, N., Zhao, Y., & Yu, H. (2008). Assimetria flutuante e preferências por caraterísticas corporais típicas do sexo. *PNAS, 105,* 12938-12943.

Buck, J. J., Williams, R. M., Hughes, I. A., & Acerini, C. L. (2003). In-utero androgen exposure and 2nd to 4th digit length ratio-comparisons between healthy controls and females with classical congenital adrenal hyperplasia. *Human Reproduction, 18,* 976-979.

Carmelli, D., & Reed, T. (2000). Stability and change in genetic and environmental influences on hand-grip strength in older male twins. *Journal of Applied Physiology, 89,* 1879-1883.

Carranza-Lira, S., Velasco Diaz, G., Olivares, A., Chan Verdugo, R., & Herrera, J. (2006). Correlação do índice de Kupperman com os níveis de estrogénios e androgénios, de acordo com o peso e a distribuição da gordura corporal em mulheres pós-menopáusicas da Cidade do México. *International Journal of Fertility Women's Medicine, 51,* 83-88.

Carter, C. S. (1992). Hormonal influences on human sexual behavior (Influências hormonais no comportamento sexual humano). Em J. B., Becker, S. M., Breedlove, & D. Crews (Eds.), *Behavioral Endocrinology* (pp. 131-142). Instituto de Tecnologia de Massachusetts.

Cashdan, E. (1995). Hormonas, sexo e estatuto nas mulheres. *Hormones and Behavior, 29,* 354-366.

Cashdan, E. (2008). Rácio cintura-quadril entre culturas: Trade-offs between androgen- and estrogen-dependent traits. *Current Anthropology, 49,* 1099-1107.

Chatterjee, S., & Chowdhuri, B. J. (1991). Comparação da força de preensão e da resistência isométrica entre as mãos direita e esquerda dos homens e sua relação com a idade e outros parâmetros físicos. *Journal of Human Ergology, 20,* 41-50.

Clark, A. P. (2004). A atratividade auto-percebida e a masculinização predizem a sociosexualidade das mulheres. *Evolution and Human Behavior, 25,* 113-124.

Corbett, B. A., Mendoza, S., Abdullah, M., Wegelin, J. A., & Levine, S. (2006). Cortisol circadian rhythms and response to stress in children with autism (Ritmos circadianos do cortisol e resposta ao stress em crianças com autismo). *Psychoneuroendocrinology*, *31*, 59-68.

Dangour, A. D., Schilg, S., Hulse, J. A., & Cole, T. J. (2002). Altura sentada e curvas de centímetro do comprimento da perna subisquial para rapazes e raparigas do sudeste de Inglaterra. *Annals of Human Biology, 29,* 290-305.

De Bruin, E. I., Verhekj, F., Wiegman, T., & Ferdinand, R. F. (2006). Differences in finger length ratio between males with autism, pervasive developmental disorder-not otherwise specified, ADHD, and anxiety disorders. *Developmental Medicine and Child Neurology, 48,* 962-965.

Despres, J., Prudhomme, D., Poulit, M., Trembley, A., & Bourchard, C. (1991). Estimativa da acumulação de tecido adiposo abdominal profundo a partir de medidas antropométricas simples em homens. *The American Journal of Clinical Nutrition, 54,* 471-477.

Dijkstra, P., & Buunk, B. P. (2001). Diferenças de sexo na natureza provocadora de ciúmes da constituição corporal de um rival. *Evolution and Human Behavior, 22,* 335-341.

Dixson, A. F., Halliwell, G., East, R., Wignarajah, P., & Anderson, M. J. (2003). Masculine somatotype and hirsuteness as determinants of sexual attractiveness to women. *Archives of Sexual Behavior, 32,* 29-39.

Donahue, R. P., Prineas, R. J., Gomez, O., & Hong, C. P. (1992). Semelhança familiar da distribuição da gordura corporal: The Minneapolis Children's Blood Pressure Study. *International Journal of Obesity, 16,* 161-167.

Ellis, B. J., Figueredo, A. J., Brumbach, B. H., & Schlomer, G. L. (2009). Fundamental dimensions of environmental risk. *Human Nature, 20,* 204-268.

Ellison, P. T. (1982). Skeletal growth, fatness, and menarcheal age: a comparison of two hypotheses (Crescimento esquelético, gordura e idade da menarca: uma comparação de duas hipóteses). *Human Biology, 54,* 269-281.

Evans, R. B. (1972). Physical and biochemical characteristics of homosexual men (Caraterísticas físicas e bioquímicas dos homens homossexuais). *Journal of Consulting and Clinical Psychology, 39,* 140-147.

Evans, D. J., Hoffman, R. G., Kalkhoff, R. K., & Kissebah, A. H. (1983). Relationship of androgenic activity to body fat topography, fat cell morphology and metabolic aberration in premenopausal women. *Journal of Clinical Endocrinology and Metabolism, 57,* 304-310.

Feliciano, P., Niemitz, E., & Vogan, K. (2011). Dígitos sexualmente dimórficos. *Nature Genetics, 43,* 928-928.

Fink, B., Manning, J. T., & Neave, N. (2006). O rácio entre o 2º e o 4º dígitos (2D:4D) e o perímetro do pescoço: implicações para os factores de risco na doença coronária. *International Journal of Obesity, 30,* 711-714.

Fink, B., Neave, N., & Manning, J. T. (2003). Relação entre o segundo e o quarto dígitos, índice de massa corporal, relação cintura-quadril e relação cintura-peito: suas relações em homens e mulheres heterossexuais. *Annals of Human Biology, 30,* 728-738.

Fink, B. & Penton-Voak, I. (2002). Evolutionary Psychology of Facial attractiveness (Psicologia evolutiva da atratividade facial). *Direcções actuais em ciências psicológicas, 11,* 154-158.

Fink, B., Thanzami, V., Seydel, H., & Manning, J. T. (2006). Rácio de dígitos e força de preensão manual em homens alemães e Mizos: evidência transcultural de um efeito organizador da testosterona pré-natal na força. *American Journal of Human Biology, 18,* 776-782.

Fisher, R. A. (1930). *The Genetical Theory of Natural Selection.* Clarendon Press, Oxford.

Flegr, J., Hruskova, M., Hodny, Z., Novotna, M., & Hanusova, J. (2005). Altura do corpo, índice de massa corporal, relação cintura-quadril, assimetria flutuante e relação entre o segundo e o quarto dígitos em indivíduos com toxoplasmose latente. *Parasitology, 130,* 621628.

Folsom, A. R., Kaye, S. A., Sellers, T. A., Hong, C., Cerhan, J., Potter, J. R., & Prineas, R. J. (1993). Body fat distribution and 5-year risk of death in older women (Distribuição da gordura corporal e risco de morte em 5 anos em mulheres idosas). *The Journal of the American Medical Association, 269,* 483-487.

Folstad, I., & Karter, A. J. (1992). Parasitas, machos brilhantes e a desvantagem da imunocompetência. *American Naturalist, 139,* 603-622.

Foo, L. H., Zhang, Q., Zhu, K., Ma, G., Greenfield, H., & Fraser, D. R. (2007). Influence of body composition, muscle strength, diet and physical activity on total body and forearm bone mass in Chinese adolescent girls. *British Journal of Nutrition, 98,* 1281-1287.

Frederick, M. J. (2010). Effects of early developmental stress on adult physiology and behavior. (Dissertação de doutoramento, Universidade de Albany, Universidade

Estadual de Nova Iorque).

Frederiksen, H., Gaist, D., Petersen, H. C., Hjelmborg, J., McGue, M., Vaupel, J. W., & Christensen, K. (2002). Força de preensão manual: Um fenótipo adequado para identificar variantes genéticas que afectam o funcionamento físico a meio e no final da vida. *Genetic Epidemiology, 23,* 110-122.

Furlow, F. B., Armijo-Prewitt, T., Gangestad, S. W., & Thornhill, R. (1997). Fluctuating asymmetry and psychometric intelligence (Assimetria flutuante e inteligência psicométrica). *Actas da Sociedade Real de Londres. Série B, 264,* 823-829.

Furlow, F. B., Gangestad, S. W., & Armijo-Prewitt, T. (1998). Developmental stability and human violence (Estabilidade do desenvolvimento e violência humana). *Actas da Sociedade Real de Londres. Série B, Ciências Biológicas, 265,* 1-6.

Gallup, G. G., & Frederick, D. A. (2010). A ciência do sex appeal: uma perspetiva evolutiva. *Revisão de Psicologia Geral, 14,* 240-250.

Gallup, A. C., O'Brien, D. T., White, D. D., & Wilson, D. S. (2010). Força de preensão manual e comportamento socialmente dominante em adolescentes do sexo masculino. *Evolutionary Psychology, 8,* 229-243.

Gallup, A. C., White, D. D., & Gallup, G. G. (2007). Handgrip strength predicts sexual behavior, body morphology, and aggression in male college students. *Evolution and Human Behavior, 28,* 423-429.

Gangestad, S. W., & Scheyd, G. J. (2005). The evolution of human physical attractiveness (A evolução da atratividade física humana). *Annual Review of Anthropology, 34,* 523-548.

Gangestad, S. W., & Simpson, J. A. (2000). The evolution of human mating: tradeoffs and strategic pluralism. *Behavioral and Brain Sciences, 2,* 573-587.

Gangestad, S. W., & Thornhill, R. (1997). Human sexual selection and developmental stability. Em I. A. Simpson & D. T. Kenrick (Eds.), *Evolutionary Social Psychology* (pp. 169-195). Mahwah, NJ: Erlbaum.

Gangestad, S. W., & Thornhill, R. (1999). Individual differences in developmental precision and fluctuating asymmetry: a model and its implications (Diferenças individuais na precisão do desenvolvimento e assimetria flutuante: um modelo e suas implicações). *Journal of Evolutionary Biology, 12,* 402-416.

Geschwind, N., & Galaburda, A. M. (1985). Lateralização cerebral. Mecanismos biológicos, associações e patologia: I. Uma hipótese e um programa de investigação. *Archives of Neurology, 42,* 428-459.

Giampaoli, S. Ferrucci, L., Cecchi, F., Lo Noce, C., Poce, A., Dima, F., Santaquilani, A., Vescio, M. F., & Menotti, A. (1999). Hand-grip strength predicts incident disability in non-disabled older men. *Age and Aging, 28,* 283-288.

Godfrey, K. M. & Barker, D. J. (2000). Fetal nutrition and adult disease. *The American Journal of Clinical Nutrition, 71*, 1344s-1352s.

Godfrey, K. M. & Barker, D. J. (2001). Fetal programming and adult health (Programação fetal e saúde do adulto). *Public Health Nutrition, 4*, 611-624.

Grant, V. J., & France, J. T. (2001). Dominância e testosterona nas mulheres. *Biological Psychology, 58,* 41-47.

Gunnell, D., Smith, G. D., Frankel, S., Nanchahal, K., Braddon, F. E. M., Pemberton, J., Peters, T. J. (1998). Childhood leg length and adult mortality: follow-up of the Carnegie (Boyd Orr) suvery of diet and health in pre-war Britain. *Journal of Epidemiology and Community Health, 52,* 142-152.

Gunnell, D., Whitley, E., Upton, M. N., McConnachie, A., Smith, G. D., & Watt, G. C. M. (2003). Associações da altura, comprimento das pernas e função pulmonar com factores de risco cardiovascular no Midspan Family Study. *Journal of Epidemiology and Community Health, 57,* 141-146.

Hales, C. N., & Barker, D. J. (1992). Diabetes mellitus tipo 2 (não dependente de insulina): a hipótese do fenótipo parcimonioso. *Diabetologia, 35*, 595-601.

Hamilton, W. D., & Zuk, M. (1982). Aptidão hereditária verdadeira e pássaros brilhantes: um papel para os parasitas? *Science, 218,* 384-387.

Henss, R. (1995). Waist-to-hip ratio and attractiveness. Replicação e extensão. *Personality and Individual Differences, 19*, 479-488.

Holness, M., Langdown, M., & Sugden, M. (2000). Early-life programming of susceptibility to dysregulation of glucose metabolism and the development of the

Type 2 diabetes mellitus. *The Biochemical Journal, 349*, 657-665.

Honekopp, J., Bartholdt, L., Beier, L., & Liebert, A. (2007). Rácio do comprimento do segundo para o quarto dígito (2D:4D) e níveis de hormonas sexuais em adultos: Novos dados e uma revisão meta-analítica. *Psychoneuroendocrinology, 32,* 313-321.

Honekopp, J., Manning, J. T., & Muller, C. (2006). Rácio de dígitos (2D:4D) e aptidão física em homens e mulheres: Evidência de efeitos dos androgénios pré-natais em caraterísticas sexualmente selecionadas. *Hormones and Behavior, 49,* 545-549.

Honekopp, J., & Schuster, M. (2010). Uma meta-análise sobre 2D:4D e proezas atléticas: Relações substanciais, mas nenhuma das mãos prevê a outra. *Personality and Individual Differences, 48,* 4-10.

Horvath, T. (1979). Correlatos de beleza física em homens e mulheres. *Social Behavior and Personality, 7,* 145-151.

Hughes, S. M., Dispenza, F., & Gallup, G. G. (2004). Ratings of voice attractiveness predict sexual behavior and body configuration. *Evolution and Human Behavior, 25,* 295-304.

Hughes, S. M., & Gallup, G. G. (2003). Diferenças entre os sexos em preditores morfológicos do comportamento sexual: Rácios ombro/quadril e cintura/quadril. *Evolution and Human Behavior, 24,* 173-178.

Hughes, S. M., Harrison, M. A., & Gallup, G. G. (2002). O som da simetria: a voz como marcador da instabilidade do desenvolvimento. *Evolution and Human Behavior, 23,* 173-180.

Jasienska, G., Lipson, S. F., Ellison, P. E., Thune, I., & Ziomkiewicz, A. (2006). Mulheres simétricas têm maior potencial de fertilidade. *Evolution and Human Behavior, 27,* 390-400.

Jasienska, G., Ziomkiewicz, A., Ellison, P. T., Lipson, S. F., & Thune, I. (2004). Seios grandes e cinturas estreitas indicam um elevado potencial reprodutivo nas mulheres. *Actas da Sociedade Real de Londres. Série B, 271,* 1213-1217.

Jones, B. C., Little, A. C., Penton-Voak, I. S., Tiddeman, B. P., Burt, D. M., &

Perrett, D. I. (2001). Facial and judgments of apparent health: support for a 'good genes' explanation of the attractiveness-symmetry relationship. *Evolution and Human Behavior, 22,* 417-429.

Kallman, D. A., Plato, C. C., & Tobin, J. D. (1990). O papel da perda muscular no declínio da força de preensão relacionado com a idade: Cross-sectional and longitudinal perspectives. *Journal of Gerontology, 45,* 82-88.

Kamarul, T., Ahmad, T. S., & Loh, W. Y. (2006). Hand grip strength in the adult Malaysian population (Força de preensão da mão na população adulta da Malásia). *Journal of Orthopedic Surgery (Hong Kong), 14,* 172177.

Kasperk, C. H., Wakley, G. K., Hierl, T., & Ziegler, R. (1997). Os androgénios gonadais e adrenais são reguladores potentes do metabolismo das células ósseas humanas in vitro. *Journal of Bone and Mineral Research, 12,* 464-471.

King, J. A., Barkley, R. A., & Barrett, S. (1998). Attention-deficit hyperactivity disorder and the stress response. *Biological Psychiatry*, *44*, 72-74.

Kirchengast, S. (1998). Interações entre parâmetros somatométricos e níveis hormonais endógenos, bem como eventos induzidos por hormonas em mulheres. *Anthropologischer Anzeiger, 56,* 251-265.

Kirchengast, S., & Gartner, M. (2002). Changes in fat distribution (WHR) and body weight across the menstrual cycle. *Collegium Antropologicum, 26,* suppl: 47-57.

Klidjian, A. M., Foster, K. J., Kammerling, R. M., Cooper, A., & Karran, S. J. (1980). Relação de variáveis antropométricas e dinamométricas com complicações pós-operatórias graves. *British Journal of Medicine, 281,* 899-901.

Kokko, H., Brooks, R., Jennions, M. D., & Morley, J. (2003). Artigo de revisão. The evolution of mate choice and mating bias. *Actas da Sociedade Real de Londres, Série B, 270,* 653-664.

Koley, S., & Singh, A. P. (2010). Effect of hand dominance in grip strength in collegiate population of Amritsar, Punjab, India (Efeito da dominância da mão na força de preensão na população universitária de Amritsar, Punjab, Índia). *Anthropologist, 12,* 13-16.

Kowner, R. (2001). Perspetiva psicológica sobre a estabilidade do desenvolvimento humano e a assimetria flutuante: Fontes, aplicações e implicações. *British Journal of Psychology, 92,* 447-469.

Kritz-Silverstein, D., & Barrett-Connor, E. (1994). Força de preensão e densidade mineral óssea em mulheres idosas. *Journal of Bone Mineral Research, 9,* 45-51.

Kuijper, E. A. M., Lambalk, C. B., Boomsma, D. I., van der Sluis, S., Blankenstein, M. A., de Geus, E. J. C., & Posthuma, D. (2007). Hereditariedade das hormonas reprodutivas em gémeos adultos do sexo masculino. *Human Reproduction, 22,* 2153-2159.

Lapidus, L., Bengtsson, C., Larsson, B., Pennert, K., Rybo, E., & Sjostrom, L. (1984). Distribution of adipose tissue and risk of cardiovascular disease and death: a 12 year follow up of participants in the population study of women in Gothenburg, Sweden. *British Medical Journal, 289,* 1257-1261.

Law, C. M., Barker, D. J. P., Osmond, C., Fall, C. H. D., & Simmonds, S. J. (1992). Early growth and abdominal fatness in adult life (Crescimento precoce e gordura abdominal na vida adulta). *Journal of Epidemiology and Community Health, 46,* 184-186.

Lemieux, S., Prud'homme, D., Bouchard, C., Tremblay, A., & Despres, J. P. (1993). Diferenças de sexo na relação entre a acumulação de tecido adiposo visceral e a gordura corporal total. *The American Journal of Clinical Nutrition, 58*, 463-467.

Leung, B., Forbes, M. R., & Houle, D. (2000). Fluctuating asymmetry as a bioindicator of stress: comparing efficacy of analyses involving multiple traits. *American Naturalist, 155,* 101-115.

Livshits, G., & Kobyliansky, E. (1991). A assimetria flutuante como uma possível medida da homeostase do desenvolvimento em humanos: A review. *Human Biology, 63,* 441446.

Lovejoy, C. O., Suwa, G., Spurlock, L., Asfaw, B., & White, T. D. (2009). A pélvis e o fémur do Ardipithecus ramidus: a emergência do andar ereto. *Science, 326,* 71-71e6.

Lutchmaya, S., Baron-Cohen, S., Raggatt, P., Knickmeyer, R., & Manning, J. T.

(2004). Razões entre o 2º e o 4º dígitos, testosterona fetal e estradiol. *Early Human Development, 77,* 23-28.

Manikkam, M., Crespi, E. J., Doop, D. D., Herkimer, C. Lee, J. S., Yu, S., ... Padmanabhan, V. (2004). Fetal programming: prenatal testosterone excess leads to fetal growth retardation and postnatal catch-up growth in sheep. *Endocrinology, 145,* 790-798.

Manning, J. T. (1995). Assimetria flutuante e peso corporal em homens e mulheres: implicações para a seleção sexual. *Ethology and Sociobiology, 16,* 145-153.

Manning, J. T. (2002). *Rácio de dígitos: A pointer to fertility, behavior, and health [Um indicador de fertilidade, comportamento e saúde].* New Jersey: Rutgers University Press.

Manning, J. T., Barley, L., Walton, J., Lew-Jones, D. I., Trivers, R. L., Singh, D., ... Szwed, A. (2000). The 2nd :4th digit ratio, sexual dimorphism, population differences, and reproductive success: evidence for sexually antagonistic genes? *Evolution and Human Behavior, 21,* 163-183.

Manning, J.T., & Bundred, P.E. (2001). O rácio entre o comprimento do 2º e do 4º dígitos e a idade do primeiro enfarte do miocárdio nos homens: uma relação com a testosterona? *British Journal of Cardiology, 8,* 720-723.

Manning, J. T., & Fink, B. (2008). Digit ratio (2D: 4D), dominance, reproductive success, asymmetry, and sociosexuality in the BBC Internet Study. *American Journal of Human Biology*, *20*, 451-461.

Manning, J. T., Kourkourakis, K., & Brodie, D. A. (1997). Assimetria flutuante, taxa metabólica e seleção sexual em machos humanos. *Evolution and Human Behavior, 18,* 15-21.

Manning, J. T., Scutt, D., & Lewis-Jones, D. I. (1998). Estabilidade do desenvolvimento, tamanho da ejaculação e qualidade do esperma nos homens. *Evolution and Human Behavior, 19,* 273-282.

Manning, J. T., Scutt, D., Whitehouse, G. H., & Leinster, S. J. (1997). Assimetria mamária e qualidade fenotípica nas mulheres. *Evolution and Human Behavior*, *18*, 223-236.

Manning, J. T., Scutt, D., Wilson, J., & Lewis-Jones, D. I. (1998). A proporção de 2nd para 4th comprimento do dígito: um preditor do número de espermatozóides e concentrações de testosterona, hormona luteinizante e estrogénio. *Human Reproduction, 13*, 3000-3004.

Manning, J. T., & Wood, D. (1998). Fluctuating asymmetry and aggression in boys (Assimetria flutuante e agressão em rapazes). *Human Nature, 9,* 53-65.

Martel, M. M., Gobrogge, K. L., Breedlove, S. M., & Nigg, J. T. (2008). As proporções masculinizadas do comprimento dos dedos dos rapazes, mas não das raparigas, estão associadas à perturbação de défice de atenção/hiperatividade. *Behavioral Neuroscience, 122,* 273-281.

Martin, S. M., Manning, J. T., & Dowrick, C. F. (1999). Assimetria flutuante, comprimento relativo dos dígitos e depressão nos homens. *Evolution and Human Behavior*, *20*, 203-214.

McFadden, D., Westhafer, J. G., Pasanen, E. G., Carlson, C. L., & Tucker, D. M. (2005). Evidência fisiológica de hipermasculinização em rapazes com o tipo desatento de perturbação de défice de atenção/hiperatividade (PHDA). *Clinical Neuroscience Research*, *5*, 233-245.

Miller, G. D., & Freivalds, A. (1987). Gender and handness in grip strength - a double whammy for females. *Human Factors and Ergonomics Society Annual Meeting Proceedings, 31,* 906-910.

Milne, B. J., Belsky, J., Poulton, R., Thomson, W. M., Caspi, A., & Kieser, J. (2003). Fluctuating asymmetry and physical health among young adults (Assimetria flutuante e saúde física entre jovens adultos). *Evolution and Human Behavior, 24,* 53-63.

Milne, E., White, S., Campbell, R., Swettenham, J., Hansen, P., & Ramus, F. (2006). Deteção coerente de movimento e forma na perturbação do espetro autista: relação com o controlo motor e o rácio de 2:4 dígitos. *Journal of Autism and Developmental Disorders, 36,* 225-237.

Moller, A. P., Soler, M., & Thornhill, R. (1995). Breast asymmetry, sexual selection, and human reproductive success (Assimetria mamária, seleção sexual e sucesso reprodutivo humano). *Ethology and Sociobiology, 16,* 207-219.

Moller, A. P., & Swaddle, J. P. (1997). *Asymmetry, Developmental Stability, and Evolution (Assimetria, Estabilidade do Desenvolvimento e Evolução).* Oxford: Oxford University Press.

Moller, A. P., & Thornhill, R. (1998). Bilateral symmetry and sexual selection: a meta-analysis. The American Naturalist, 151, 174-192.

Muller, D. C., Baglietto, L., Manning, J. T., McLean, C., Hopper, J. L., English, D. R., Giles, G. G., e Severi, G. (2012). Relação entre o segundo e o quarto dígitos (2D:4D), factores de risco de cancro da mama e risco de cancro da mama: um estudo de coorte prospetivo. *British Journal of Cancer, 107,* 1631-1636.

Neave, N., Laing, S., Fink, B., & Manning, J. T. (2003). Relação entre o segundo e o quarto dígitos, testosterona e perceção da dominância masculina. *Proceedings of the Royal Society of London, Series B, 270,* 2167-2172.

Nelson, T. L., Vogler, G. P., Pederson, N. L., & Miles, T. P. (1999). Genetic and environmental influence on waist-to-hip ratio and waist circumference in an older Swedish twin population. *International Journal of Obesity, 23,* 449-455.

Noipayak, P. (2009). O rácio do comprimento do 2º e 4º dígitos em crianças autistas. *Jornal médico da Associação Médica da Tailândia, 92*, 1040-1045.

Okten, A., Kalyoncu, M., & Yaris, N. (2002). A razão entre os comprimentos do segundo e quarto dígitos e a hiperplasia adrenal congénita devido à deficiência de 21-hidroxilase. *Early Human Development, 70,* 47-54.

Padmanabhan, V., Manikkam, M., Recabarren, S., & Foster, D. (2006). O excesso de testosterona pré-natal programa a disfunção reprodutiva e metabólica nas fêmeas. *Molecular and Cellular Endocrinology, 246,* 165-174.

Page, S. T., Amory, J. K., Bowman, F. D., Anawalt, B. D., Matsumoto, A. M., Bremner, W. J., e Tenover, J. L. (2005). Exogenous testosterone (T) alone or with finasteride increases physical performance, grip strength, and lean body mass in older men with low serum T. *Journal of Clinical Endocrinology and Metabolism, 90,* 1502 - 1510.

Palmer, A. R., & Strobeck, C. (1986). Fluctuating asymmetry: measurement, analysis and patterns. *Annual Review of Ecology and Systematics, 17,* 391-421.

Parsons, P. A. (1990). Fluctuating asymmetry: an epigenetic measure of stress. *Biological Reviews, 65,* 131-145.

Paul, S. N., Kato, B. S., Cherkas, L. F., Andrew, T., & Spector, T. D. (2006) Heritability of second to fourth digit ratio (2d:4d): a twin study. *Twin Research and Human Genetics, 9,* 215-219.

Perilloux, H. K., Webster, G. D., & Gaulin, S. J. (2010). Sinais de qualidade genética e capacidade de investimento materno: The dynamic effects of fluctuating asymmetry and waist-to-hip ratio on men's ratings of women's attractiveness. *Social Psychological and Personality Science, 1,* 34-42.

Putz, D. A., Gaulin, S. J. C., Sporter, R. J., & McBurney, D. H. (2004). Hormonas sexuais e comprimento dos dedos: o que é que 2D:4D indica? *Evolution and Human Behavior, 25,* 182-199.

Rahman, Q., Korhonen, M., & Aslam, A. (2005). Sexually dimorphic 2D:4D ratio, height, weight, and their relationship to number of sexual partners. *Personality and Individual Differences, 39,* 83-92.

Rantanen, T., Guralnik, J. M., Foley, D., Masaki, K., Leveille, S., Curb, J. D., & White, L. (1999). Midlife hand grip strength as a predictor of old age disability. *The Journal of the American Medical Association, 281,* 558-560.

Rantanen, T., Harris, T., Leveille, S. G., Visser, M., Foley, D., Masaki, K., & Guralnik, J. M. (2000). Muscle strength and body mass index as long-term predictors of mortality in initially healthy men (Força muscular e índice de massa corporal como preditores de mortalidade a longo prazo em homens inicialmente saudáveis). *The Journals of Gerontology Series A, Biological Sciences and Medical Sciences, 55,* 168-173.

Reed, T., Fabsitz, R. R., Selby, J. V., & Carmelli, D. (1991). Genetic influences and grip strength norms in the NHLBI twin study (Influências genéticas e normas de força de preensão no estudo de gémeos do NHLBI). *Annals of Human Biology, 18,* 425-432.

Reilly, J. L., Murphy, P. T., Byrne, M., Larkin, C., Gill, M., O'Callaghan, E., & Lane,

A. (2001). Assimetria flutuante dermatoglífica e lateralidade atípica na esquizofrenia. *Schizophrenia Research, 50,* 159-168.

Rhodes, G., Simmons, L. W., & Peters, M. (2005). Atratividade e comportamento sexual: Does attractiveness enhance mating success? *Evolution and human behavior*, *26*, 186-201.

Rikowski, A., & Grammer, K. (1999). Human body odour, symmetry and attractiveness (Odor do corpo humano, simetria e atratividade). *Actas da Sociedade Real de Londres. Série B, 266,* 869874.

Ronalds, G., Phillips, D.I.W., Godfrey, K.M., & Manning, J.T. (2002). The ratio of second to forth digit lengths: a marker of impaired fetal growth? *Early Human Development, 68,* 21-26.

Roney, J. R., & Maestripieri, D. (2004). Relative digit lengths predict men's behavior and attractiveness during social interactions with women. *Human Nature, 15,* 271-282.

Ross, C. H., & Rosblad, B. (2002). Norms for grip strength in children aged 4-16 years. *Ata Paediatrica, 91,* 617-625.

Schousboe, K., Visscher, P. M., Erbas, B., Kyvik, K. O., Hopper, J. L. Henriksen, E., ... Sorensen, T. I. A. (2003). Twin study of genetic and environmental influence on adult body size, shape, and composition. *International Journal of Obesity, 28,* 39-48.

Scutt, D., Manning, J. T., Whitehouse, G. H., Leinster, S. J., & Massey, C. P. (1997). The relationship between breast asymmetry, breast size and the occurrence of breast cancer. *The British Journal of Radiology, 70,* 1017-1021.

Shackelford, T. K., & Larsen, R. J. (1999). Atratividade facial e saúde física. *Evolution and Human Behavior, 20,* 71-76.

Shoup, M. L., & Gallup, G. G. (2008). Os rostos dos homens transmitem informações sobre os seus corpos e o seu comportamento: What you see is what you get. *Evolutionary Psychology, 6,* 469-479.

Sim, K. & Chun, W. (2015). Programação fetal e caraterísticas físicas. *Journal of Social Science, 26*, 251-268.

Sim, K. & Chun, W. (2015). As relações entre indicadores do ambiente pré-natal e comportamentos associados à disfunção do eixo HPA. *O Jornal Coreano de Psicologia do Desenvolvimento, 28*, 1-28.

Sim, K. & Chun, W. (2016). As relações de assertividade e capacidade de resposta ao comportamento sexual. *Psychologia, 59*, 50-69.

Singh, D. (1993). Adaptive significance of female physical attractiveness: Role of waist-to-hip ratio. *Journal of Personality & Social Psychology, 65,* 293-307.

Singh, D. (1995). Female judgment of male attractiveness and desirability for relationships-Role of waist-to-hip ratio and financial status. *Journal of Personality and Social Psychology, 69,* 1089-1101.

Singh, D., & Singh D. (2011). Forma e significado da beleza feminina: uma perspetiva evolutiva. *Sex Roles, 64,* 723-731.

Singh, D., & Zambarano, R. J. (1997). Relação sexual da descendência em mulheres com distribuição de gordura corporal androide. *Human Biology, 69,* 545-556.

Smith, K. L., Cornelissen, P. L., & Tovee, M. J. (2006). Cor 3D dos corpos e julgamentos da atratividade da mulher humana. *Evolution and Human Behavior, 28,* 48-54.

Smith, G. D., Greenwood, R., Gunnell, D., Sweetnam, P., Yarnell, J., & Elwood, P. (2001). Leg length, insulin resistance, and coronary heart disease risk: the Caerphilly Study. *Journal of Epidemiology & Community Health, 55*, 867-872.

Smith, T., Smith, S., Martin, M., Henry, R., Weeks, S., & Bryant, A. (2005). Força de preensão em relação à força total e capacidade funcional em mulheres muito idosas e idosas. *Physical and Occupational Therapy in Geriatrics, 24,* 63-78.

Soares, M. J., Piers, L. S., O'Dea, K., & Collier, G. R. (2000). Concentrações de leptina no plasma, taxas metabólicas basais e quocientes respiratórios em adultos jovens e idosos. *International Journal of Obesity, 24,* 1592-1599.

Sorokowski, P., & Pawlowski, B. (2008). Preferências adaptativas para o comprimento das pernas num potencial parceiro. *Evolution and Human Behavior, 29,* 86-91.

Sorokowski, P., & Sorokowska, A. (2012). Julgamentos de atratividade sexual: A study of the Yali tribe in Papua. *Archives of Sexual Behavior, 14 de fevereiro,* publicado online.

Stevenson, J. C., Everson, P. M., Williams, D. C., Hipskind, G., Grimes, M., & Mahoney, E. R. (2007). Sintomas de perturbação de défice de atenção/hiperatividade (PHDA) e rácios de dígitos numa amostra universitária. *American Journal of Human Biology*, *19*, 41-50.

Straub, R. H. (2007). O papel complexo dos estrogénios na inflamação. *Endocrine Review, 28,* 521-574.

Swami, V., Einon, D., & Furnham, A. (2006). O rácio perna-corpo como critério estético humano. *Body Image, 3,* 317-323.

Swami, V., & Tovee, M. J. (2005). Atratividade física masculina na Grã-Bretanha e na Malásia: A cross-cultural study. *Body Image, 2,* 383-393.

Talarovicova, A., Krskova, L., & Blazekova, J. (2009). O aumento da testosterona durante a gravidez influencia a proporção 2D: 4D e a atividade motora de campo aberto de irmãos de ratos na idade adulta. *Hormones and Behavior*, *55*, 235-239.

Tanner, J. M., Hayashi, T., Preece, M. A., & Cameron, N. (1982). Aumento do comprimento da perna em relação ao tronco em crianças e adultos japoneses de 1957 a 1977: comparação com britânicos e nipo-americanos. *Annals of Human Biology, 9,* 411-423.

Tester, N., & Campbell, A. (2007). Realização desportiva: Qual é a contribuição do rácio de dígitos? *Journal of Personality, 75,* 663-678.

Thornhill, R., & Gangestad, S. W. (1993). Human facial beauty: averageness, symmetry, and parasite resistance. *Human Nature, 4,* 237-270.

Thornhill, R., & Gangestad, S. W. (1994). Assimetria flutuante humana e comportamento sexual. *Psychological Science, 5,* 297-302.

Thornhill, R., & Gangestad, S. W. (1999). O cheiro da simetria: Uma feromona sexual humana que assinala a aptidão física? *Evolution and Human Behavior, 20,* 175-201.

Thornhill, R., & Gangestad, S. W. (2006). Facial sexual dimorphism, developmental stability, and susceptibility to disease in men and women (Dimorfismo sexual facial, estabilidade do desenvolvimento e suscetibilidade a doenças em homens e mulheres). *Evolution and Human Behavior, 27,* 131-144.

Thornhill, R., & Moller, A. P. (1997). Developmental stability, disease, and medicine (Estabilidade do desenvolvimento, doença e medicina). *Biological Reviews, 72,* 497-548.

van Anders, S. M., Vernon, P. A., & Wilbur, C. J. (2006). Os rácios de comprimento dos dedos mostram evidências de transferência pré-natal de hormonas entre gémeos do sexo oposto. *Hormones and Behavior, 49,* 315-319.

Van der Steeg, J. W., Steures, P., Ekjkemans, M. J. C., Habbema, J. D. F., Hompes, P. G. A., Burggraaff, J. M., Oosterhuis, G. J. E., Bossuyt, P. M. M., van der Veen, F., & Mol, B. W. J. (2007). Obesity affects spontaneous pregnancy chances in subfertile, ovulatory women. *Human Reproduction, 23,* 324-328.

Vanderschueren, D., Vandenput, L., Boonen, S., Lindberg, M. K., Bouillon, R., & Ohlsson, C. (2004). Androgens and bone. *Endocrine Reviews, 25,* 389-425.

Van Valen, L. (1962). Um estudo da assimetria flutuante. *Evolution, 16,* 125-142.

Vermeersch, H., T'Sjoen, G., Kaufman, J. M., & Vincke, J. (2008). 2d: 4d, hormonas esteróides sexuais e diferenças sexuais psicológicas humanas. *Hormonas e Comportamento, 54,* 340-346.

Von Schantz, T., Wittzell, H., Goransson, G., Grahn, M., & Persson, K. (1996). MHC genotype and male ornamentation: genetic evidence for the Hamilton-Zuk model. *Actas da Sociedade Real de Londres. Série B, Ciências Biológicas, 263,* 265-271.

Voracek, M., & Dressler, S. G. (2007). Rácio de Dígitos (2D:4D) em Gémeos: Heritability Estimates and Evidence for a Masculinized Trait Expression in Women from opposite-Sex Pairs. *Psychological Reports, 100,* 115-126.

Voracek, M., & Dressler, S. G. (2009). Semelhança familiar no rácio dos dígitos (2D:4D). *American Journal of Physical Anthropology, 140,* 376-380.

Wass, P., Waldenstrom, U., Rossner, S., Hellberg, D. (1997). Uma distribuição androide da gordura corporal nas fêmeas prejudica a taxa de gravidez da transferência de embriões por fertilização in vitro. *Human Reproduction, 12,* 2057-2060.

Watson, P. W., & Thornhill, R. (1994). Assimetria flutuante e seleção sexual. *Trends in Ecology and Evolution, 9,* 21-25.

Welborn, T. A., Dhaliwal, S. S., & Bennett, S. A. (2003). O rácio cintura-quadril é o fator de risco dominante que prevê a morte cardiovascular na Austrália. *The Medical Journal of Australia, 179,* 580-585.

Wilcockson, R. W., Crean, C. S., & Day, T. H. (1995). Hereditariedade de caracteres sexualmente selecionados expressos em ambos os sexos. *Nature, 374,* 158-159.

Windsor, J. A., & Hill, G. L. (1988). Grip strength: a measure of the proportion of protein loss in surgical patients (Força de preensão: uma medida da proporção de perda de proteínas em pacientes cirúrgicos). *British Journal of Surgery*, *75*, 880-882.

Wittman, A. B., & Wall, L. L. (2007). The evolutionary origins of obstructed labor: bipedalism, encephalization, and the human obstetric dilemma. *Obstetrical & gynecological survey*, *62*, 739-748.

Zaadstra, B. M., Seidell, J. C., Van Noord, P. A., te Velde, E. R., Habbema, J. D., Vrieswijk, B., & Karbaat, J. (1993). Fat and female fecundity: prospective study of effect of body fat distribution on conception rates (Gordura e fecundidade feminina: estudo prospetivo do efeito da distribuição da gordura corporal nas taxas de conceção). *British Medical Journal, 306,* 484-487.

Zahavi, A. (1975). Mate selection-A selection for handicap. *Journal of Theoretical Biology, 53,* 205-214.

Zheng, Z., & Cohn, M. J. (2011). Base de desenvolvimento de proporções de dígitos sexualmente dimórficos. *Actas da Academia Nacional das Ciências*, *108*, 16289-16294.

Ziomkiewicz, A., Ellison, P. T., Lipson, S. F., Thune, I., & Jasienska, G. (2008). Gordura corporal, balanço energético e níveis de estradiol: um estudo baseado em perfis hormonais de ciclos menstruais completos. *Human Reproduction, 23,* 2555-2563.

Zuk, M., Johnsen, T. S., & Maclarty, T. (1995). Interações endócrino-imunes, ornamentos e escolha do parceiro na galinha da selva vermelha. *Actas da Sociedade Real de Londres. Série B, Ciências Biológicas, 260,* 205-210.

https://vasafitness.com/tag/body-shape

http://www.virtualteen.org/forums/showthread.php?t=2036369

http://www.prohealthcareproducts.com/100-kg-220lb-hand-grip-dynamometer-lafayette-instruments

http://www.calculator.net/body-type-calculator.html

Printed by Books on Demand GmbH, Norderstedt / Germany